10
18

12, AVENUE D'ITALIE. PARIS XIIIe

Sur l'auteur

Né à Paris en 1972, Karim Madani se passionne pour le cinéma, les comics, le jazz, la soul, le funk et les B.O. de films. Journaliste pour des revues spécialisées dans les cultures urbaines et les musiques afro-américaines, il a interviewé les plus grands artistes de cette scène (50 Cent, Wu-Tang Clan, Puff Daddy, Jay-Z). Il est également auteur de romans noirs : *Le Jour du fléau* (Gallimard), *Casher Nostra* (Le Seuil), et biographe : La Fouine (Flammarion), Spike Lee et Kanye West (Don Quichotte).

KARIM MADANI

JEWISH GANGSTA

Aux origines du mouvement goon

10/18

MARCHIALY

ISBN 978-2-264-07169-9
Dépôt légal : mars 2018

NEW JERSEY
BRONX
MAN HAT TAN
RIKERS ISLAND
Ed Koch Queensboro Bridge
Queensbridge
CORONA
LEFRAK CITY
The Deuce
Mount Hebron Cemetery
QUEENS
Brooklyn Bridge
WILLIAMSBURG
Farragut Houses
RED HOOK
Marcus Garvey Village
Tilden Houses
BROWNSVILLE
BROOKLYN
Starrett City
CANARSIE
STATEN ISLAND
FLATLANDS
Glenwood
Edgemere Houses
BRIGHTON BEACH
CONEY ISLAND

AVERTISSEMENT

New York, 1999. Un vent glacial venu du Michigan et de la région des Grands Lacs balaie la plus grande circonscription de la ville. Je me réchauffe dans des coffee shops et surtout chez des petits disquaires. Je suis un jeune chroniqueur musical et je pige régulièrement pour les premiers magazines de « cultures urbaines » – cette expression est atroce, mais je la garde par commodité terminologique –, comme *RER* ou *L'Affiche*, des publications pionnières.

À l'époque, j'écoute encore des disques sur des platines et je passe des heures à *digger* – fouiner – pour trouver des nouveautés, essentiellement des Maxi 45 tours. Je passe aussi des heures dans des cabines téléphoniques à attendre que des artistes me rappellent. Les smartphones n'existent pas encore et je poireaute devant les cabines, au milieu des dealers et des travailleurs latinos qui appellent au pays. Je m'occupe de la rubrique Underground et je suis toujours à la recherche d'un jeune artiste émergent, un *rookie*, comme on dit aux États-Unis. D'ailleurs, j'en profite pour vous avertir en passant que j'utilise beaucoup de mots américains dans ce livre, non pas pour me donner un genre ou une posture à la mords-moi-le-nœud, mais pour coller le plus à la musique et au *flow* des gens que j'ai rencontrés à cette époque. De 1998 à 2010, j'ai effectué une série de voyages de presse et de voyages personnels à New York et ce livre est le fruit de cette expérience.

Mais revenons à cette journée glaciale de février, quand je découvre le Maxi *Legacy*, d'un groupe qui se fait appeler Non Phixion. J'achète le disque et l'écoute. Ce qui me frappe tout d'abord, c'est l'utilisation du mot *goon*. Qui sont ces *goons* ? Je me rends compte qu'on est bien loin des clichés du gangsta rap noir américain. Les types ont des *flows* atypiques et des thèmes qui vont un peu plus loin que le classique : j'ai/le/plus/gros/flingue/la/plus/grosse/queue/la/plus/grosse/chaîne/la/plus/grosse/caisse, enfin vous voyez à peu près à quoi je fais allusion. Je décide d'en savoir plus sur ce groupe.

Non Phixion. Le macaron n'indique que le nom du label. J'interroge les disquaires qui me renvoient à d'autres disquaires qui me connectent enfin à un type qui connaît bien ces gars, et pour cause, c'est leur DJ et il s'appelle Eclipse. Un grand Blanc dégingandé qui bosse chez un disquaire mythique de New York, Fat Beats Records, qui est aussi un label underground à l'identité musicale pointue et plébiscitée par les puristes.

Eclipse passe des coups de fil. Entre-temps, je continue à faire des interviews dans des bagnoles, sur des terrasses de HLM en forme de Y, dans des cages d'escalier, dans des Burger King, de jour comme de nuit. Avec mon dictaphone à cassettes Sony de la taille d'une machine à laver, j'enregistre les récits épiques d'anciens repris de justice devenus poètes du bitume. Et puis, un beau jour, Eclipse m'appelle à la cabine téléphonique de Williamsburg (c'était avant que les hipsters ne débarquent avec leurs thés bios à 10 dollars le gobelet et ne forcent les dealers de marijuana à déménager un peu plus au nord de Brooklyn) et me dit que le groupe Non Phixion serait très honoré de me rencontrer. C'est la première interview qu'ils font avec un journaliste européen et ils m'invitent à écouter leur maquette de *The Future Is Now*, leur premier album, dans un HLM de Brooklyn.

Je rencontre des êtres humains incroyables. Des crapules, des dealers, des braqueurs, des toxicomanes, des repris de justice. Sur la plupart d'entre eux plane l'épée de Damoclès d'une justice à deux vitesses. Le groupe Non Phixion me permet de mettre un pied dans cet *underworld*. Ils sont d'abord étonnés qu'un Parisien ait traversé l'Atlantique pour venir poser des questions à un groupe d'anciens délinquants juifs du ghetto et n'en reviennent pas lorsque je leur cite Lester Bangs, Schoolly D, Big Daddy Kane, Bret Easton Ellis et Paul Baloff dans la même phrase. C'est bon, les *goons* m'adoubaient.

Toute la clique est complètement barrée. Le leader, Ill Bill, m'a connecté à Necro, son petit frère, un rappeur, producteur et réalisateur. Ces deux-là m'ont raconté leur histoire, qui se trouve dans le livre que vous avez entre les mains. Dans les années 1930, c'était la *Yiddish Connection* et les gangsters juifs qui tenaient Brooklyn d'une main de fer. Cinquante ans plus tard, on retrouve une grappe de jeunes durs se réclamant de cet héritage, coincés dans des HLM et luttant pour survivre à Gangland. Leurs parents avaient fui l'URSS ou avaient été expulsés d'Israël dans les années 1970. J'ai été frappé par leurs récits. *Bigger than life*. Un peu plus tard, mes connexions dans l'underground se sont multipliées et j'ai rencontré Big

Vic-Lo, de la bande des voleurs réunis et associés qui pillait les magasins de grandes enseignes à New York à la fin des années 1980. Puis des types louches et patibulaires m'ont mis sur les traces d'un jeune Juif en fauteuil roulant qui se faisait appeler Maya Lansky dans la rue et qui me confia son histoire accidentée, jamais racontée jusque-là. Et plus tard encore, en traînant à LeFrak City dans le Queens, j'ai entendu parler d'une certaine J.J., la première Juive du Queens à avoir fondé un gang de filles à Corona. 1989. C'est la genèse. Le début de trois histoires, trois destins, trois trajectoires aussi brutales que celle d'un projectile de .22.

Certains noms ont été changés pour protéger les coupables, même si je crois qu'il y a prescription, d'autres parce que les gens ont changé de vie, ont fondé une famille et ne veulent plus être associés à ce style de vie auquel un rappeur de la 186th Street à Harlem, Big L, donnait le nom de « Lifestylez ov da Poor and Dangerous », parodiant le titre de la série TV des années 1980, *Lifestyles of the Rich and Famous*, série encourageant à la poursuite du bonheur entrepreneurial.

Il sera souvent question dans ce livre de flingues, de dope et de transactions illicites, de flics et de gangs, de couleurs et de territoires. J'ai essayé de rester le plus fidèle possible aux propos de mes interlocuteurs, même si plusieurs versions d'une même histoire pouvaient parfois circuler d'un entretien à l'autre. Et cela pour une bonne raison. Dans ce monde-là, on cultive les zones d'ombre quand il le faut. On exagère un fait parce que la rue vous demande des comptes ou alors on minimise la portée d'un acte ou d'un délit pour des raisons très diverses. Les types dont vous lirez les histoires dans ce livre ont vraiment existé. Ils ont côtoyé ce que la société produit de pire : la prison, l'addiction aux drogues, les armes, les familles dysfonctionnelles, et toute la violence que cela comprend, et ce depuis leur plus jeune âge. Leur histoire commune est un voyage dans le New York de la fin des années 1980 jusqu'au milieu des années 1990, où le taux d'homicide avait grimpé en flèche, quand Brooklyn n'était pas encore la terre promise des bobos et des hipsters. Le langage est très cru et j'ai essayé de garder un aspect *ebonic* et *broken english*, la langue vernaculaire du ghetto.

Au programme : du sang, de la sueur et des rimes. Les bas-fonds d'une mégalopole schizophrène. Je vous ramène à une époque où on ne vendait pas encore de bonbons M&M's sur la 42nd, mais du crack et de la cocaïne. J'ai toujours éprouvé de la curiosité pour les gens qui prennent le chemin de la criminalité, celui de l'illégalité. Surtout dans les grandes métropoles américaines. Je ne suis pas fasciné par le crime, mais j'ai toujours voulu savoir comment tout cela fonctionnait. À l'échelle humaine, d'un quartier. Comment la musique et la drogue faisaient bon ménage. J'ai essayé de raconter la vie de ces types sans complaisance ni apologie de la dope ou des armes. Mais à aucun moment je ne porte de jugement sur mes interlocuteurs. Des juges, ils en ont déjà vu un paquet au cours de leur vie.

J'ai simplement voulu raconter la face A et la face B de New York. À une époque où beaucoup d'enfants de cette ville choisissaient la voie de l'anarchie. L'histoire de ces jeunes « jewish gangsta » n'avait encore jamais été racontée. Il était temps de leur rendre justice. Une justice poétique.

GOON

n. m. et *adj.* (péjoratif) Argot américain.
Personne issue des classes populaires de grands centres urbains et des banlieues pauvres.
Syn. : crétin, *white trash*.

You can't move me
Withstand the maximum impact of Uzis or AK-47s
I'm already dead, it's Ill Bill the 2011 Melle Mel
Motherfucker what's really real ? Really Ill ?
Run up on you, hit you with Israeli steel yo we really will
Through windshields, windpipes and car seats
You die on the belt parkway next to Canarsie
— I'm a Goon

« I'm a goon », Ill Bill, 2008

FACE A

ILL BILL & NECRO

Farragut – 1989

Necro et Bill matent les types depuis la fenêtre de la chambre qu'ils partagent. Le manège du guetteur à l'autre bout de la cité, un gonze de 14 ans fringué en Karl Kani ou Maurice Malone, Jordan aux pieds (un mois d'allocs) et qui paye les couches de son bébé avec des coupons d'alimentation de l'aide sociale quand il a fini sa journée. Ils observent principalement l'activité des *small timers*, ces petits dealers qui vendent de la main à la main. Des doses à 5 dollars. Côté client, ça ne désemplit pas, avec l'épidémie de crack : le caillou. C'est la dope du pauvre. Une erreur de laboratoire. Des Dominicains qui cuisinaient de la cocaïne dans un labo de Washington Heights ont remarqué les petits résidus de cristal qui s'amoncelaient sur la table de travail. Au début, ils les jetaient : ils considéraient ces cristaux comme des déchets. Un jour un des cuistots a décidé de goûter au caillou, en le fumant dans une pipe à beuh. Le Big Bang. La naissance de l'univers. La mer qui s'ouvre en deux. Le Buisson ardent. La fission de l'atome. Le sprint de Jesse Owens en 1936 combiné à celui de Carl Lewis en 1984. La drogue du capitalisme américain par excellence. Un peu plus chère qu'un double cheeseburger (5 dollars), elle était parfaite pour assouvir la demande de la plèbe de plus en plus pressante pour tout ce qui concerne la défonce. Mais il ne faut pas croire que le marché allait s'autoréguler. Des milliers de petits soldats se sont retrouvés à vendre le caillou dans tous les ghettos à travers le pays. Personne ne pouvait échapper au crack, pas même Dieu. Des pasteurs de Harlem ont assassiné leur fils, convaincus que la chair de leur chair, leurs entrailles bénies, se putréfiait au contact de la drogue du diable. Le jazz et la soul profane, ils les avaient rejetés avec la même violence. Marvin Gaye est le premier gonze d'une longue liste de jeunes mecs camés jusqu'à l'os flingués par des pasteurs qui brandissaient une bible dans la main gauche et un .38 dans la main droite. Les rues étaient devenues un véritable champ de bataille.

Bill a collé une enceinte contre la fenêtre de leur chambre et la stéréo crache un gros riff halluciné de Slayer, sur leur deuxième disque, *Hell Awaits*. L'enfer attend. Dans le bouquin *Legends of Rock Guitar* de Pete Brown et H. P. Newquist, cet album est défini comme une « exploration psychotique dans les profondeurs du satanisme et de la torture physique ». C'est en écoutant Slayer que Necro décide de former son premier groupe, Injustice, avec deux gosses de Church Avenue à Brooklyn. Un groupe de metal de base comme il y en a des centaines à New York. La musique n'est qu'un prétexte pour déverser des psychoses saturées d'ados blancs sur des amplis déglingués. Necro joue de la guitare et de la basse. Après le sabbat, quand tout le monde est autorisé à allumer la radio et les lumières, il martyrise le microphone, son batteur et son guitariste crachent leurs tripes sur des pistes musicales déjà plutôt pathologiques pour leur jeune âge. Bill a chopé le virus du hip-hop, via ses *homeboys* noirs et latinos qui l'ont introduit dans des *block parties*[1]. Le son de Slayer souffle presque le banc où sont postés les *clockers*, les dealers qui bossent à la montre. Ça fait marrer Lil Monster, un petit gangster de Farragut : « Merde, ces youpins sont vraiment tarés. » Il sirote une gorgée d'Alizé, une boisson alcoolisée chargée en glucose, aromatisée aux fruits. Plus sirupeux, tu meurs, sauf si tu as survécu aux disques de Céline Dion. Grim Reaper arrive. Tout le monde dans le quartier l'appelle Grim. Il se fait surnommer la « Faucheuse », mais il n'a jamais refroidi personne. Grim traîne autour des bancs et incarne la caricature absolue de l'aspirant dealer wannabe gangster pas encore remis de la sortie de *Scarface*. Il dit à qui veut l'entendre qu'il a un cousin Decepticon. « Tu nous bousilles les oreilles avec cette merde, Necro… » Necro et Bill gloussent. Necro monte le volume d'un cran.

The Reaper guard's the darkened gates
That Satan calls his home
Demons feed the furnace where
The Dead are free to roam

Tom Araya, au chant doom et à la basse luciférienne. Jeff Hanneman et Kerry King gardent les portes de l'enfer du metal à coups de guitare. Dave Lombardo défonce les âmes perdues quelque part sur les éléments de sa batterie.

1. Littéralement « fêtes de quartier » dans lesquelles l'électricité des HLM est détournée pour brancher une sono dans la rue. Très fraternelles à la fin des années 1970, les *block parties* de la fin des années 1980 se terminaient souvent en fusillades. Les bons DJ étaient parfois encouragés par des coups de feu tirés en l'air, à la mode jamaïcaine. *(Toutes les notes sont de l'auteur.)*

« Arrête ce boucan ! » continue de gueuler Grim. En plus de ce boucan, deux autres énormes Ghetto-Blasters posés sur un banc crachent des basses hydrauliques. Ils criblent les HLM des paroles envapées d'une petite frappe de Philadelphie, Schoolly D[1], qui a lâché un disque, *Saturday Night !*, tellement balistique que les types de la criminelle à Philly l'écoutent en boucle pour tenter de relier un corps à un flingue.

« Je vais monter te botter le cul enfoiré ! menace Grim.

— Je vais descendre, ça ira plus vite », réplique Necro.

Grim a trouvé un auditoire dans le trou embué de l'après-midi plutôt doux pour une fin de mois d'octobre. Les bancs sont comme une rangée de fauteuils, les dealers et les badauds forment un public blasé qui s'ennuie ferme, dans l'attente de la prochaine séance. Grim envoie des rimes et des piques sur un beat de Schoolly D. Necro baisse le son de la stéréo et Lil Monster fait de même avec les deux Ghetto-Blasters. Les dealers encouragent mollement Grim jusqu'à ce que le gonze, bombant le torse et faisant briller une molaire en argent, lâche un truc sur la meuf de Necro, qu'il aurait baisée dans les « gogues de la synagogue ». Le sang de Necro se met à bouillir. Bill essaie de le retenir. La première erreur que commet Grim, c'est de ne pas avoir apporté sa faucheuse avec lui. La seconde, c'est qu'il est tellement pris dans son *flow* qu'il en oublie son jeu de jambes et surtout son *crouch*. Il a les bras si décollés du corps qu'on dirait qu'il va s'envoler et planer au-dessus des HLM de Farragut. Il a la tête bien

1. Schoolly D est né en 1962 à Philadelphie en Pennsylvanie. C'est le premier gangsta rappeur de l'histoire du rap américain, il aura influencé des artistes aussi différents qu'Ice-T ou Abel Ferrara. Ce dernier utilisera sa musique dans deux de ses films cultes, *Bad Lieutenant* et *The King of New York*.

à découvert et n'a rien d'un Mohamed Ali. Necro, qui s'entraîne parfois à la salle avec son frère, décoche un direct des familles qui envoie Grim mordre le bitume. Le chœur des dealers lâche un « Ooooh » et Lil Monster ignore même une petite Portoricaine avec un cul à damner un saint qui traverse la cité pour se concentrer sur le combat. Grim se relève en balbutiant : « OK, OK, tu m'as eu en traître. Tu m'as eu en traître. » Il fonce sur Necro qui esquive. Enchaîne avec un crochet au foie. Bill lui donne des conseils, comme un coach derrière les cordes. Un autre crochet au foie renvoie Grim au tapis. Pour épater la galerie, Grim sort un petit automatique et le montre aux dealers, puis le braque sur Necro. Lil Monster saute de son banc, fait quelques pas rapides, brandit un 9 mm et l'abat sur le crâne de Grim, qui s'effondre. « C'était à la régulière, mon gars. »

La mère des frangins hurle depuis le deuxième étage. Necro feint de ne pas avoir entendu, mais Bill l'entraîne vers le hall du bâtiment. « Tu l'as bien dérouillé, mais il va falloir faire gaffe pendant quelques jours. »

Ça chauffe dans la cité. Bill et son frère Necro n'ont pas encore l'âge légal pour s'acheter une bière chez le Dominicain du coin, mais savent déjà démonter le chargeur d'un fusil à pompe Mossberg. Farragut. Ce n'est pas le pire endroit de New York en 1989, mais ça s'en approche doucement. Necro a 13 piges et son grand frère Bill comptabilise 17 interminables et furieux hivers dans ces HLM de Brooklyn. C'est presque la guerre du Viêtnam. Les gens ont d'ailleurs rebaptisé le *borough* – la circonscription – Brooknam. Un gang, le Hammer, alias les Decepticons, alias les Decepts, terrorise les rues de Brooklyn. Le gang a piqué son nom au dessin animé jap' *Transformers* ; il n'est pas question de robots hybrides dans le ghetto, mais de types vicieux spécialisés dans la dépouille. Bijoux, argent, fringues. Tout y passe. C'est la bourse ou la vie.

Le gang a été fondé en 1985 par des petites frappes d'un lycée technique, le Brooklyn Technical High School. Soixante lascars, à tout casser, déjà légendaires à New York : le procureur de la ville les poursuit pour quarante-trois agressions à main armée, mais les Decepts ont dépouillé des centaines de mecs. Ils mettent la pression sur Brooklyn, et des collégiens de l'établissement que fréquente Necro revendiquent déjà des affiliations. Il se retrouve un jour dans un couloir avec cinq Decepts qui lui cherchent des noises. Il doit rester discret pour ne pas se faire démolir le portrait et surtout il n'a rien sur lui que les Decepts voudraient arracher, comme une grosse chaîne en or. Une *Jesus piece*. 5 000 dollars chez Jacob le bijoutier. La chaîne que n'importe quel dealer qui se respecte se doit d'arborer. Necro est le seul Blanc du collège. Juif de surcroît. Bill squatte déjà les chaises taguées et bancales du lycée. Il n'y a que dans la rue que les frangins peuvent se serrer les coudes. À l'école, ce sont des cibles isolées.

Bill frappe des sacs de sable dans une vieille salle de sport tenue par un ancien boxeur juif échappé d'un goulag de Sibérie. Necro se promène avec un couteau de commando de la Marine, style Navy Seals, appelé *Rambo knife* dans la rue. Il se fait choper un jour avec, au collège, alors qu'il passe le détecteur de métaux. Ce jour-là, il a de la chance, deux Decepts se font serrer à quelques secondes d'intervalle avec des 9 mm cachés dans des sacs JanSport. Le vigile l'admoneste et le laisse partir, sans le balancer au principal. De toute façon, les détecteurs sonnent à longueur de journée : Glock, Mossberg, Beretta, Ruger, Luger, Saturday

Night Special (un petit calibre .22 qui fait des dégâts le week-end), Baby 9 (un 9 mm pour mioches, tout léger, qu'on pouvait fourrer dans un cartable avec le quatre-heures) et tout un tas de couteaux de cuisine, de crans d'arrêt et de couteaux de chasse. « Il ne se passait pas un jour sans que je me batte avec un Afro, se souvient Necro. Même quand je descendais à l'épicerie acheter du lait, un jeune mec me cherchait des noises. Je me faisais tester tous les jours. Alors je me battais, je me défendais, avec mes poings, une machette, un *gun*. J'étais la putain de mouche dans le bol de lait. C'est vrai, je me battais tous les jours. Je commençais aussi à partir en vrille. À 9 ans déjà j'avais des idées de meurtre. Mon père était un *thug*, un vrai voyou qui avait fait ses classes en Israël. Les Decepticons se glissaient dans la cité et prenaient des mecs par surprise. Les *kids* du quartier se regroupaient en cliques pour survivre. J'ai dérouillé et volé tellement de mecs que mon karma est souillé à jamais, mon pote. »

Necro et Bill affrontent les Decepticons venus dépouiller les habitants du quartier. Certains soirs d'hiver, ils traînent dans les HLM et jouent au foot sur le bitume glacial. Un soir, ils font un pacte : jamais ils ne se laisseront marcher sur les pieds. « Plein de types se font défoncer leur gueule sur la base de ce pacte. On n'avait vraiment rien à perdre. On était prêts à aller jusqu'au bout, c'est-à-dire assassiner des gonzes. Les mecs du quartier ont vu un truc démoniaque chez nous et très vite on a fermé des bouches. Tu ne peux pas comprendre la mentalité des années 1980 dans le ghetto si tu ne l'as pas vécu. Les gens étaient vraiment sauvages. Des embrouilles mineures pouvaient dégénérer en homicides. »

ETHAN HOROWITZ

Tilden Houses – 1989

Ethan Horowitz sort de la navette de la prison de Rikers Island qui le dépose à un arrêt de bus de Queens Plaza, dans le Queens. Il vient de tirer trois ans dans l'aile pour mineurs de la forteresse pénitentiaire pour vol de voiture. Il a fêté son dix-septième anniversaire derrière les barreaux. Encore un gosse et déjà une légende du vol de bagnoles dans tout l'État de New York. Il a piqué des caisses un peu partout, mais ses territoires préférés, ce sont les beaux quartiers résidentiels du nord de l'État, les Hamptons, Riverdale, quelques coins huppés du New Jersey. Il pique des bagnoles depuis qu'il a 13 ans, bon Dieu !

Il a passé tout ce temps à serrer ses fesses de délinquant juvénile, et Dieu merci, il est encore vierge du cul. Il a bien écouté les consignes et les conseils des OG, les Original Gangstas[1], des vétérans d'à peine 30 ans qui ont survécu à plusieurs campagnes militaires dans les ghettos de New York, alors qu'il était

1. Le terme OG vient tout droit des bas-fonds de Los Angeles, terme inventé par les Latinos et repris par les gangs noirs dans les années 1980. Il désigne les gangsters qui ont survécu à tout, des vétérans des quartiers.

encore en liberté. Ethan se rappelle les conversations qu'il a eues avec ces *five stars generals* comme il se plaisait à les surnommer, généraux à cinq étoiles, et qui lui racontaient des faits d'armes comme s'ils avaient remonté le fleuve vietcong dans *Apocalypse Now*. Sauf que les types n'exagéraient pas. Une guerre faisait rage dans les rues de New York l'été dernier et la mode, c'étaient les tenues militaires, les vestes M60 camouflage, comme si un B-52 les avait lâchées sur les toits des HLM de la ville. Il sourit bien qu'il n'y ait rien de très drôle autour de lui : des ouvriers portoricains débarqués la veille de San Juan achètent des cartes téléphoniques dans des bazars et des *bodegas* minables, des petits voyous de la cité Queensbridge jettent des regards de dingues à droite à gauche, à la recherche d'un type à dépouiller. Les gamins étaient déjà là quand Ethan est descendu du bus de la prison, avec les fringues de l'administration pénitentiaire encore sur le dos, un gros sweat-shirt gris chiné sur un pantalon ample en toile beige épaisse, quelques muscles gagnés sur les *bench press*, les bancs de développé couché, un tatouage de taulard plutôt réussi, « Maya Lansky », en hommage au génie du crime Meyer Lansky, le célèbre gangster juif, associé à Lucky Luciano. Lansky avait fondé Murder Inc. à Brownsville dans les années 1920. Comme son nom l'indiquait, Murder Inc. était une holding criminelle genre société anonyme de l'homicide à responsabilité illimitée. Lansky et ses gangsters juifs avaient réalisé une véritable OPA sur les rues de New York et tenaient même la dragée haute aux Italiens de Cosa Nostra. Il sous-traitait les assassinats pour les Italiens et recrutait des tueurs dans le Brownsville des années 1930 et 1940. Avant d'établir son empire, il avait commencé par piquer des bagnoles, avec son frère d'armes, Bugsy

Siegel, une autre pointure de la voyoucratie juive qui fondera Las Vegas quelques années plus tard. Autant de signes ostentatoires et de langage corporel qui affichent le message suivant : *Je ne veux pas d'histoires, mais si vous en cherchez, eh bien, je suis votre homme.*

Les gamins n'osent pas soutenir son regard plus de quelques secondes. Ce ne sont encore que des bébés gangsters qui chialeront et réclameront « maman » à la première garde à vue au Central Booking de Manhattan, la plus vaste gare de triage criminelle de la ville où les détenus sont acheminés dans des wagons à bestiaux, les fourgons cellulaires du NYPD. Ethan a encore un long trajet qui l'attend pour rentrer dans l'enfer à loyer modéré qu'il appelle « chez lui », un trois-pièces dans une cité à Brownsville, Brooklyn, qu'il partage avec son père, un musicien de jazz accessoirement dealer de beuh, ou peut-être l'inverse.

Ethan glande un peu devant le métro et finit par le prendre. Queens Plaza. Dans son sac à dos, il a rangé les affaires qu'il portait lors de son arrestation : un Walkman à cassettes, une biographie de Meyer Lansky et cinq capotes de la marque Trojan. Le trajet est interminable. Brownsville est le pire quartier de New York. Pas selon la rumeur, mais selon les statistiques du 65e *precint* – poste de police. 300 homicides en 1988, et 1989 s'annonce un grand cru mortuaire : peut-être 350 meurtres avant la fin de l'année. Trois kilomètres carrés de désolation urbaine. 60 000 personnes dans dix-huit grands ensembles HLM qui représentent 120 tours de brique brune. Ethan remonte Pitkin Avenue pour rentrer chez lui, dans les Tilden Houses, encore en guerre contre les Brownsville Houses, ellesmêmes combattant les lascars des Howard Houses. Le ghetto est un labyrinthe. On pourrait croire que les ensembles les plus petits constituent les territoires les plus faibles, mais on se planterait un majeur bien tendu dans l'œil. Tapscott, un seul bâtiment de quatre étages, tient presque de Fort Alamo. Les plus gros dealers et une armée de toxicos dépendant du caillou et de l'aide sociale ont trouvé refuge dans les Brownsville Houses, vingt-sept blocks de six et sept étages. Ça défouraille souvent là-bas quand les lascars s'embrouillent avec les microgangs de Glenmore Plaza, quatre gros bâtiments de dix, dix-huit et vingt-quatre étages, ce dernier étant souvent utilisé pour se suicider ou balancer un mec d'un gang rival par la fenêtre. Si vous cherchez de la dope ou une fille à Howard et que vous ne connaissez pas le quartier, vous risquez soit de vous perdre, soit de vous prendre une balle perdue, ou les deux, parce qu'à Brownsville il y a trois cités appelées Howard et qui sont indépendantes les unes des autres : Howard Avenue, cinq blocks de trois étages, encore vivable selon les standards de Brooklyn, où l'herbe est rudement bonne ; un peu plus haut, Howard Avenue Park Place, un genre de panoptique de Foucault avec plus de guetteurs que de locataires ; et enfin les Howard Houses, dix blocks de sept et dix étages.

En longeant encore quelques blocks, vous traversez une cité appelée Marcus Garvey, en hommage au leader du panafricanisme des années 1930, mais à part quelques seniors, personne ne connaît l'activiste noir et les gamins pensent qu'il s'agit d'un vieux boxeur. C'est la zone des Lo-Life, un gang de Brooklyn spécialisé dans le pillage des grands magasins de Manhattan. Au programme : razzias sur les grandes enseignes de l'île, Lord & Taylor, Sachs, Macy's et Bloomingdale's. Des dingues de la marque Polo Ralph Lauren.

Un des leaders, Big Vic-Lo (ou Victor de Jesus pour son contrôleur judiciaire), planifie ses raids depuis ces HLM sinistres. Il salue Ethan quand il le voit passer. Le type arbore la tenue complète Ralph Lauren, du blouson aux chaussettes en passant par la casquette. Une partie de sa clique vit dans les HLM de Ralph Avenue, ce n'est pas une blague. Ethan frappe dans la main d'un des Ralphie Kids qui arrive en courant, poursuivi par deux flics en uniforme, comme dans une parodie du *Kid* de Charlie Chaplin. Le gamin va semer les deux *rookies* – bleusaille de la police de New York – dans le dédale des Prospect Plaza Houses, quartier limitrophe de The Ville, surnom de Brownsville.

De retour dans son quartier après ces longs mois d'incarcération, Ethan note que rien n'a changé. Il salue quelques gonzes devant les Woodson Houses, deux barres de dix et vingt-cinq étages, les plus hautes de Brownsville. Il arrive enfin chez lui, dans les Tilden Houses, huit barres hideuses de brique brune de seize étages chacune. Son père, Aaron, vit dans la barre sud, au dernier étage, ils ont une vue imprenable sur l'océan de brique. Il a pris du bide en trois ans, conséquence d'une alimentation déplorable et de la bière qui coule à flots dès 10 heures du matin. Il porte un sweat-shirt des Brooklyn Dodgers, sûrement pour se dire qu'elle était belle l'époque où les Dodgers étaient encore basés à Brooklyn, avant de se casser sous le soleil mortifère de L.A. La mère d'Ethan, Rachel Horowitz née Portmann, s'est barrée quand Ethan avait 11 ans. Elle n'a plus jamais donné signe de vie. « Elle est sûrement en train de couler des jours heureux avec un avocat juif quelque part à Miami, pendant qu'on se les gèle à Brooklyn », avait coutume de dire son père, surtout en hiver, pour Hanoukka, quand ils attendaient une carte ou quelque chose. Un signe. Mais ils attendaient Godot.

« T'as bonne mine, t'as pris du muscle », lâche Aaron en fermant la porte. Ethan ne prend pas la peine de répondre. Son père a tiré quatre ans à Attica, il y a trente-cinq ans de cela, pour trafic de marijuana.

« Toi aussi, t'as la forme », ment Ethan.

Son père aura 60 ans dans un mois et le jazzman affûté et ténébreux qui fit chavirer le cœur d'une jolie comptable de Williamsburg a bel et bien disparu dans ce corps gras et flasque, ces yeux vitreux et cette bouche pâteuse. Quelqu'un frappe à la porte.

« Attends une minute, fiston, je vais te servir une bière. »

Il disparaît dans la petite chambre du trois-pièces étriqué qui avait paru énorme à Aaron quand la fille des logements sociaux de la ville le lui avait fait visiter, alors qu'il vivait encore avec sa femme dans un studio de l'East Village à Manhattan. Il revient une minute plus tard avec un sachet de beuh, ouvre la porte, procède à l'échange, Ethan a à peine le temps de distinguer le visage du lascar, la porte se referme. Aaron lui tend deux billets de 20.

« T'as peut-être besoin de fric ? Ils t'ont filé juste de quoi prendre le bus, non ? »

Ethan essaie de sourire, mais il a l'impression de suffoquer.

« Non, papa, l'administration pénitentiaire m'a signé un chèque d'un million de dollars dans le cadre d'un programme de réhabilitation d'anciens détenus. »

Son père va à la cuisine et ramène deux bières Old English.

« Toujours aussi insolent hein ? Tu vas faire quoi maintenant ? T'as eu 17 ans. Si tu veux retourner dans le Nord, tu n'as que deux options. »

Ethan sourit. Il avale une gorgée d'Old E. Le nord de l'État de New York. *Up North.* Première option, la prison. Les prisons d'État, pas les taules fédérales, ni les geôles intra-muros, ni les prisons du comté. Il a survécu à Rikers Island, mais il en connaissait les codes, après tout, c'est un New-Yorkais pur jus. Mais pourrait-il s'en sortir dans les taules du nord de l'État : Sing Sing ? Rien que le nom de la prison lui file des sueurs froides. Attica ? Merde, son père avait joué avec Archie Shepp. Une prison à choper le blues. Le centre correctionnel d'Adirondack ? Dans les massifs cristallins le long des montagnes Appalaches ? Trop loin de Brownsville. Certains types du quartier racontent qu'ils ont vu des loups là-bas. Albion ? Clinton ? Greenhaven ? Des taules de haute sécurité. Bedford Hills ou Otisville ? Parmi les pires taules du Nord d'après les OG. Centre correctionnel de Fishkill ? La blague dans le quartier, c'est que lorsqu'un type tombe pour vente de cocaïne de la catégorie *fishcale* (très grande pureté et un aspect un peu écaille de poisson), les mecs disent toujours : « *fishcale to Fishkill* ». Centre correctionnel Sullivan ?

« Surtout pas cette taule ! lâche son père. Tu as une rivière qui coule à proximité, c'est la cambrousse. Et d'ailleurs, qui voudrait être enfermé dans la même prison que David Berkowitz, alias Son of Sam, le tueur en série de l'été de l'horreur 1977 à New York ? Et la cerise sur le ghetto carcéral, Ronald DeFeo Junior, pas Ronald McDonald, mais Ronald le gentil salopard qui a massacré toute sa famille et qui a inspiré un film qui te fichait la trouille, quand t'étais tout petit, *Amityville.* »

Et la seconde option ? Dans le Nord, il y a que des prisons et des facs.

« Ça, c'était pour les prisons. Maintenant côté fac : State University of New York Adirondack ? Quatre filles pour un mec, à ce qu'il paraît. Tu vas baiser à couilles rabattues, ça va te changer de la prison. La fac de droit d'Albany ? Une des plus anciennes du pays. Tu pourrais devenir avocat et défendre des petits criminels comme toi. La fac de médecine d'Albany ? Tu fais quelques années comme carabin et tu finis toubib. Colombia-Greene Community College ? Cinq filles pour un garçon. Et pas des meufs du ghetto qui chipent fiston, rien que des goys bien élevées des *suburbs*. »

Le problème, c'est qu'Ethan a quitté l'école en quatrième. Il est ce qu'on appelle un *high school dropout*. Il doit retourner dans le secondaire, dans une école publique de merde, comme celle qu'il a fréquentée dans The Ville, passer son bac et avoir une note suffisamment élevée pour que ces blaireaux d'une fac d'État veuillent l'accepter.

« Tu pourrais même avoir une bourse », lâche son père en préparant un petit déjeuner tardif.

Ethan regarde par la fenêtre. Un soldat est déjà posté sur son banc et attend le toxico.

« Une bourse, répète-t-il sans trop y croire.

— Tu veux finir comme tes potes ? » demande son père en plaçant *Kind of Blue* de Miles sur la platine. Ce disque, Ethan l'a écouté des milliers de fois.

Le soir même, O.J., Big Louis et Freeze organisent une fête pour le retour d'Ethan, dans l'appartement d'O.J. au huitième étage des Tilden Houses.

Cinq gonzes sur huit ont déjà purgé des peines de prison, alors Ethan échappe au récit autobiographique façon Hurricane Carter. Ils s'enquièrent surtout des connaissances qu'ils ont à l'intérieur. Est-ce que Big Mike est sorti de l'isolement ? Willie the Kid est-il toujours en embrouille avec Sharky le Decept ? Ethan répond aux questions sans exagérations ni digressions. Il n'a jamais été du genre vantard. Il a appris très jeune à piquer des voitures en regardant les plus grands le faire, avec patience, rigueur et détermination. Les années passées à chourer des caisses lui ont conféré une maîtrise de soi et une humilité assez rares dans ce milieu. Faire profil bas et respecter le code de la rue. O.J. disparaît un instant et revient avec une fille, Tekhita, une bombasse tout droit sortie de la page centrale de *Hustler*, catégorie exotique. Elle parle anglais avec un accent chantant de la Barbade et déchire l'emballage d'une capote Trojan. Mais elle n'est pas venue spécialement pour parler, comme le constate quelques instants plus tard Ethan, alors qu'elle le chevauche en gémissant. Trois ans à se taper la veuve à cinq doigts. Ethan jouit trop vite, mais la fille s'en fout, des taulards, elle s'en est envoyé à la dizaine. Mais ce taulard juif l'intrigue, il est beau gosse, et s'est fait tatouer « The Ville » sur l'avant-bras, en lettrage gothique, à la mode gangster mexicain. Elle le prend dans sa bouche et il est reparti. Tekhita en prend pour son grade et elle semble aimer ça. Elle s'est fait tatouer « Bad Bitch » sur son cul de strip-teaseuse. Il ne va pas tomber amoureux de cette fille, mais il prend son numéro. Pour les jours de solitude.

Il retourne dans le salon envahi de vapeurs de marijuana. Il tire sur un gros joint. Il a évacué la tension sexuelle et il est maintenant plus réceptif à son environnement. Notamment à ce type qu'il a vu plus tôt ce matin, alors qu'il traversait les Marcus Garvey

Houses, Big Vic-Lo, qui discute chaleureusement avec O.J. Ce dernier l'aperçoit et lui fait signe d'approcher.

« Yo, Tekhita t'a bien dorloté ? C'est une vraie bombe cette meuf. »

Ethan sourit.

« Yo, je te présente Big Vic-Lo. »

Poignée de main à la mode de Brownsville. Big Vic-Lo porte des fringues Polo de la tête aux pieds. Il arbore une madone en or autour du cou. O.J. fait les présentations.

« Ethan Horowitz, alias Maya Lansky. Le voleur de bagnoles le plus doué de l'État, il vient de sortir de Rikers.

— Alors, cette fête est pour toi. »

Big Vic-Lo jauge le jeune Juif.

« Moi aussi, je suis un *booster*. »

Un voleur, dans l'argot de la rue. Dans une soirée du bon côté de la ville, les gens parleraient de leurs études, de leur travail, de leurs perspectives d'avenir. Dans le mauvais côté de la ville, les gonzes parlent des taules où ils sont passés, du nom de tel ou tel salopard de gardien, des visites chez le contrôleur judiciaire, et les perspectives d'avenir ne sont pas reluisantes.

« Il y a trois jours, on a eu droit à toute la presse. Le grand jeu, *homeboy* », explique Big Vic-Lo en sortant une page du *New York Times* pliée en quatre. Le journaliste explique sur une pleine page pourquoi la sécurité des grandes enseignes de Manhattan doit être radicalement repensée. Quatre-vingts types de Brooklyn, sans arme si ce n'est leurs poings et leurs pieds, qui opèrent des razzias et volent tout ce qui se trouve sur leur passage, avec une nette préférence pour la marque au cavalier.

« Ils disent que le vigile a vu un mec armé, mais on n'est jamais armés. C'est notre code. On est des voleurs, des *boosters*, pas des tueurs. Par contre, si un vigile veut jouer les Charles Bronson, on lui éclate la gueule. L'objectif, c'est de se servir et de se protéger. » Les gonzes éclatent de rire. Big Vic-Lo vient de détourner la célèbre profession de foi de la police : *To Protect and Serve*. Protéger et servir.

« Qu'est-ce que tu vas faire, *homie* ? » demande Big Vic-Lo à Ethan.

Il réfléchit un instant.

« Passer mon bac et aller dans une fac dans le Nord. »

Big Vic-Lo sourit.

« T'es sûr que c'est de ça que t'as envie ?

— Ouais, je crois. J'irai me serrer quelques bonnasses et pourquoi pas lire un bouquin de temps à autre. »

Ethan voit bien ce que Big Vic-Lo est en train de se dire : *Tu viens de sortir de taule, t'essaies de faire profil bas, mais tu sais que le seul monde dans lequel tu peux te sentir libre, c'est la rue. À 17 ans, tu as déjà vu plus de choses qu'un mec lambda de 40 piges en verra en trois vies. Que pourront t'apprendre ces cons de profs sur la vie que tu n'aies pas déjà appris dans la cour de Rikers ?*

« On fait une descente samedi après-midi. Tu viens avec nous ? »

Ethan cogite une minute.

« Je crois pas que ça soit une bonne idée, *homie*. »

Big Vic-Lo lui montre une photo en noir et blanc. Un bébé à la maternité, dans les bras d'une femme d'un certain âge, sans doute sa mère.

« Mets une capote, mon pote. »

Big Vic-Lo lui touche l'épaule et s'en va draguer une petite Portoricaine.

J.J.

LeFrak City – 1989

J.J., pour Jewish Jane. Jane Berkowitz, 18 ans, résidente du complexe immobilier Samuel LeFrak, du nom d'un philanthrope qui voulait améliorer les conditions de logement du travailleur new-yorkais. Techniquement, LeFrak n'est pas une cité HLM, elle n'est d'ailleurs pas gérée par la ville. Située dans un coin excentré du Queens, à Corona, entre Junction Boulevard, la 57th Avenue, la 99th Street et l'autoroute express de Long Island, LeFrak arbore vingt barres de seize étages comme les dents brunes et cariées d'un SDF. Seize hectares, 14 000 habitants. Le complexe a été construit entre 1960 et 1969 pour accueillir les *blue-collar*, les ouvriers qui ne pouvaient pas s'offrir de logement à Manhattan. Quelques barres possèdent des noms de villes ou de pays : London, Paris, Mandalay, USA, Chile, Panama. J.J. a grandi dans une barre peuplée essentiellement de Juifs russes et ukrainiens. Beaucoup d'entre eux ont fui les camps de concentration ruskoffs pour s'offrir une vie meilleure au pays de l'Oncle Sam. Ses parents, nés en URSS, étaient chercheurs. Et dissidents. En Amérique, ils ont connu le déclassement économique. Andrei, son père, s'est trouvé un job de prof de technologie dans un lycée public de Rego Park, et Anita, sa mère, un boulot d'archiviste au palais de justice du Queens. C'est mieux que le goulag, même si Anita a pris la mauvaise habitude de se servir un verre de vodka tous les matins au petit déjeuner. J.J. a fréquenté un lycée public de Corona, à majorité hispanique, parce que ses parents sont des intellectuels éclairés désireux que leur fille grandisse dans le melting-pot new-yorkais. En guise de melting-pot, J.J. a découvert la culture des gangs. Il y a des prodiges du basket-ball qui jouent des parties très physiques et techniques qu'on appelle The Blacks ; les Ñetas qui essayent de monter leurs premières opérations de deal massif en bas des tours. Pour beaucoup de jeunes Noirs, le choix est simple : Wilson ou Smith & Wesson. Un ballon de basket ou un flingue. Les jeunes Hispaniques s'enrôlent dans les DDP (Dominicans Don't Play) ou dans les Latin Kings, deux gangs latinos qui contrôlent des centaines de blocks dans les quartiers populaires de New York. Le panier ou le casier. Les Juifs, eux, restent en retrait dans leurs bâtiments, et quand il fait chaud, des vieillards échappés des goulags jouent aux échecs pendant des heures.

Victime de harcèlement scolaire de la part d'un gang de filles, des grandes gueules dominicaines et boricuas, J.J. s'est liée d'amitié avec les quatre jeunes filles juives du lycée et a formé son propre gang un jour froid de novembre : le CJJ57th. Pour Corona Jewish Junction. Junction indiquant la proximité de Junction Boulevard qui borde LeFrak et 57th désignant tout simplement leur *hood*, le quartier. Dans la rue, on les appelle les Cee Jay.

« Le gang en place, il nous fallait un rituel d'initiation, comme tous les autres gangs. Les Latin Kings se sont vraiment imposés à New York en 1986 au moment où j'ai fondé les Cee Jay. Les Ñetas sont arrivés en 1988, après avoir pris le contrôle des prisons de Porto Rico et après l'assassinat de leur fondateur. Pour les rites d'initiation, en général, les types avaient peu d'imagination. Ils tabassaient un gonze à vingt, pendant une minute trente, et il fallait encaisser pour pouvoir rejoindre le gang. D'autres importaient les méthodes des gangsters de la côte Ouest, les Bloods ou les Crips, qui pratiquaient le *drive by shooting* – tirer depuis une voiture en marche. » En vérité, le *drive by shooting* n'est pas une invention des gangs de Los Angeles du début des années 1980, mais une méthode de la clique d'Al Capone, dans le Chicago des années 1920, qui utilisait des mitraillettes Thompson pour faire place nette depuis leurs grosses Buick ronronnantes.

« Fonder un gang de filles, ça m'a pris à peine une heure. J'avais quatre nanas de LeFrak City traumatisées à vie par les violences physiques, verbales et psychologiques qu'elles avaient subies entre le CP et la terminale. Y a pas à chier, l'homme est un loup pour l'homme et ça ne changera jamais. » J.J. a découvert Hobbes, Marcuse et Schopenhauer à la bibliothèque d'un centre éducatif fermé du Queens. « Je n'ai jamais été une fille raciste, je n'ai pas été élevée comme ça, mes parents aimaient la terre entière. Mais j'ai eu l'idée d'organiser une descente dans un quartier de Corona et de dérouiller deux ou trois mecs latinos. On a acheté des sacs en toile épaisse et on a mis des cannettes de Coca à l'intérieur. Susan avait le permis et elle a emprunté la Lincoln de son père. On a tourné dans Corona, et on s'est arrêtées à Flushing Meadows Corona Park. On a marché un peu dans le parc, puis on s'est postées sur un banc. C'est Martha, alias Viper, qui devait commencer. Elle s'est dirigée vers deux Latinos qui fumaient un joint sur un banc, je ne savais pas si c'étaient des gangsters ou pas. Ils avaient des tatouages et, à l'époque, ce n'était pas aussi banal qu'aujourd'hui. Viper s'est dégonflée au dernier moment et a fait demi-tour. Les deux types étaient tellement défoncés qu'ils ne l'ont même pas remarquée. J'ai compris qu'il fallait que je donne l'exemple. Pour me remonter à bloc, je me suis souvenue de la fois où Angie Rodriguez m'avait balancé à la gueule une éprouvette remplie de pisse en classe de chimie parce que je ne voulais plus qu'elle me force à écrire ses dissertations et que j'en avais parlé au principal. Je me suis approchée des deux gonzes et j'ai fracassé le premier si vite que le joint est tombé de la bouche du second, qui essayait de rassembler les quelques neurones qui lui restaient, mais les cannettes de Coca lui avaient déjà cassé le nez avant qu'il ait pu comprendre ce qui se passait. Ils étaient bons pour quelques heures aux urgences de Jamaica. Dans la bagnole, j'ai senti une espèce de fierté et de déférence de la part de mes copines. On passe par Rego Park et on vise un jeune branleur qui affiche les couleurs des Latin Kings. Susan se gare un peu plus loin, sort de la voiture, marche tranquillement et prend le gonze par surprise. C'était notre force. Des petites Juives fringuées comme des filles de rescapés du goulag, n'affichant aucune couleur à part un bandana noir qui cachait nos visages, avec des boîtes de soda plein les sacs de toile. On a cassé pas mal de gueules ce jour-là. »

La clique se constitue peu après en un gang solide qui recrute parmi les filles perdues de la petite classe moyenne juive et en 1989, les Cee Jay sont connues dans la rue. J.J. n'est pas ce qu'on peut appeler une féministe convaincue ou endurcie même si sa mère a milité dans plusieurs organisations clandestines en URSS. Il n'y a tout simplement pas de mecs dans les Cee Jay parce que les filles ne veulent pas faire de la figuration. Plein de filles intègrent des gangs masculins pour la protection, la réputation, la frime ou des fringues, de l'argent et des bagnoles.

Cette année-là, J.J. décide de partir de chez elle et se retrouve dans la rue. Son père ne la comprend plus et la tension monte d'un cran entre ses parents et elle. Envolés, rêves d'université, de doctorat de physique ou de médecine, se faire une vraie place en Amérique. Elle décroche ses premiers diplômes en bas des tours : des hématomes, des traumatismes crâniens. Pour ce qui est de la médecine, elle verra souvent les internes originaires du sous-continent indien des urgences de Jamaica. Ce n'est qu'une gosse impliquée dans la vie d'un microgang de quartier. Les Cee Jay peignent tout ce qu'il est possible de peindre dans le Queens : les *yards*, les dépôts des métros, les parcs contrôlés par les Colombiens à Jackson Heights, les murs des cités de Queensbridge où elles essuient un jour des coups de feu tirés par un gamin de 12 ans, un guetteur juché sur un BMX. Très vite, elles sont identifiées grâce à leur tag, Cee Jay, et tous leurs graffitis sont recouverts par ceux des Latin Kings.

ILL BILL & NECRO

Farragut – 1989

Ill Bill regarde les camés passer un par un dans le hall du HLM. Dehors, il fait un froid polaire. *Cold World Baby*. Necro récupère les pochons de beuh dissimulés dans les néons blafards et Bill attrape les billets poisseux à l'effigie de présidents crevés et enterrés depuis longtemps. Washington. Grant. Jackson. Peu de Franklin, parce que aucun camé n'est assez fou pour se balader dans les cités de Brooklyn avec un billet de 100. Le vent souffle depuis les Grands Lacs, depuis ce putain de Canada. Bill enfonce son bonnet The North Face jusqu'aux lobes des oreilles et sort inspecter les alentours. Pas de flics ni de Jamaïcains à l'horizon. Faut faire gaffe avant de sortir, les gangs s'entre-tuent pour le contrôle du trafic de came à Brooknam. Bill respire l'air froid à pleins poumons. Aucun hélicoptère bourré de G.I. sous acide ne survole les toits des HLM en brique brune en lâchant à plein volume les Walkyries de Wagner et des hectolitres de défoliant, mais ça sentirait presque le napalm dans cette jungle new-yorkaise. Bill ne le sait pas encore, mais les flics du 113ᵉ *precint* de Brooklyn Nord ont annulé une descente à la dernière minute. Pas assez d'effectifs et un triple meurtre dans un HLM de Cypress Hills, dont un gamin de 7 ans. Tous les flics, stups et brigade criminelle, baptisée dans la *street* les Homocides, ont été mobilisés sur l'affaire. Bill touche son pendentif en or massif, représentant un Jésus Yahvé qui brandit un petit automatique. Le Dieu de la Torah veille sur lui. Le melting-pot new-yorkais continue de défiler dans le lobby du HLM. Des Noirs, des Blancs déclassés, des Juifs, des Hispanos, des pédés, des gouines, des filles en cloque. Il repère Sandy. Enceinte jusqu'à la pupille. Dilatée. Bill ne fait pas de détail. Les affaires sont les affaires. Il se fumerait bien un Phillies Blunt, cela dit. Il retourne dans la cage d'escalier. Récupère le fric. Necro continue de servir les *weedheads*. Dans la poche de son jean baggy se trouve un exemplaire très abîmé du bouquin de Bret Easton Ellis *American Psycho*.

Necro se rappelle quand il était mioche. Il avait à peine 10 ans. École publique de Farragut. Son frère était malade, il était resté à la maison. Necro n'aimait pas trop se retrouver dans cette école sans son frère. Les blackos les considéraient comme des agneaux sacrificiels. À l'heure du déjeuner, il avait filé aux chiottes. Et c'est là que ce blacko l'avait coincé. 14 ans, il avait redoublé plusieurs fois, un CV à se pisser dessus, genre *gang member* patenté. À l'école et dans la rue, on l'appelait Big Louis. Mais le problème, c'est que la rue et l'école, c'était du pareil au même. Le seul truc sanctuarisé était la loi du plus fort. « Enlève ton fute ! Allez. Une bonne queue de zoulou dans ton petit cul juif. » Big Louis avait sorti une lame. Necro ne le voyait plus comme un écolier, mais comme un sac de sable. Déjà deux ans qu'il accompagnait Bill à la boxe après les cours dans une salle miteuse qui puait la sueur, le sang et les larmes, entraîné par un vieux Juif, Salomon, qui croyait en lui. « Allez désape-toi ! Montre-moi ta petite bite circoncise. » Big Louis n'avait pas vu le coup venir. Un direct fulgurant à la mâchoire. Sac de sable. Big Louis avait craché un nuage de sang sur le miroir crade des toilettes et lâché le couteau. Salomon lui répétait toujours : « Si tu dois te battre dans la rue, vise le nez et les yeux. Toujours. » Son poing s'était écrasé contre le nez de Big Louis, qui avait explosé. Une autre droite lui avait fracassé l'arcade sourcilière. Et une autre lui avait fendu ses grosses babines d'enculé. Et une autre. Et une autre. Jusqu'à ce que la sécurité le maîtrise et l'évacue *manu militari*. Les parents de Big Louis n'avaient pas porté plainte. Tous les gamins de l'école s'attendaient à des représailles. Pour déjouer la vigilance des détecteurs de métaux, Necro et Bill dissimulaient leurs couteaux dans du papier d'aluminium, au fond de leurs slibards. 60 % de Noirs, 30 % d'Hispaniques et 10 % de gosses de *white trash* dont les parents n'avaient pas les moyens de se barrer du quartier. L'exode des Blancs hors de Glenwood, on appelait ça le *white flight*, à la fin des années 1960. Necro et Bill étaient devenus deux statistiques ambulantes. Les gangs qui sévissaient dans le bahut voulaient une explication à ce qui s'était passé dans les toilettes. Les vigiles étaient sur le qui-vive. Les profs, trop flippés pour faire quoi que ce soit. Les mecs leur avaient donné rendez-vous au parc, après l'école. Les quelques potes qu'ils avaient et qui n'étaient pas affiliés à un gang leur avaient dit que c'était suicidaire d'y aller. Justement, Bill et Necro écoutaient en boucle les disques du groupe Suicidal Tendencies. Une trentaine de gamins squattaient les bancs du parc. Ils portaient les couleurs de leurs gangs.

Infesticons, Latin Kings, Ñetas… Dans certaines familles, les gamins héritaient d'appartements ou de collections de disques et de livres. Dans le quartier, les gamins héritaient d'une affiliation à un gang. Des valeurs et des traditions. Necro et Bill marchaient en roulant des mécaniques. Comment marcher autrement depuis la maternelle sinon se promener en tee-shirt avec écrit VICTIME en gros caractères dans ce genre de quartier ? Pas de flingue ni de lame, avait prévenu Raymond the Stuntman, un grand, âgé d'à peine 15 ans, très à l'aise dans son costard de diplomate du ghetto. Big Louis était assis sur un banc, tuméfié de partout, la tête plus grosse qu'une pastèque. Il fixait le sol. Ray s'était avancé d'une démarche élastique vers Bill et son frère. Bill s'était débarrassé de sa lame. Il avait regardé Necro. Ce dernier reluquait les types aux gueules patibulaires assis sur les bancs, des gamins à peine plus âgés qu'eux qui finiraient par remplir les cellules de Rikers ou les frigos des morgues du comté. Necro avait jeté son surin dans l'herbe. « Maintenant on est baisés. » Où est Jéhovah ? Le rabbin de la synagogue leur avait dit que Dieu avait ouvert la mer en deux pour permettre à Moïse d'échapper à ces putains d'Égyptiens et à leur armée de salopards consanguins. Mais Moïse n'avait jamais mis les pieds dans une école publique de Brooklyn. Dieu encore moins. Ray avait hurlé quelque chose et tous les gamins avaient giclé des bancs. Necro et Bill avaient cassé quelques bouches, mais avaient vite été submergés par le nombre. Ray matait les deux frangins coucher quelques durs à la force du poing puis se retrouver acculés contre les bancs, adopter la position fœtale, protéger leur tête, leur ventre et leurs couilles, puis accepter l'inévitable passage à tabac d'une minute trente. Ray avait sifflé et la clique s'était immobilisée, comme un seul homme. « Vous en avez une sacrée paire, les gars », avait lâché Ray. Ça y est. Ils étaient acceptés, adoubés. Ils pouvaient se rendre aux toilettes sans craindre d'être brutalisés ou pire violés. « Et puis on n'aime pas les pointeurs ! » avait craché Ray et le groupe s'était jeté sur Big Louis. Bill avait allumé un joint, tiré une grosse latte et l'avait passé à son frère. Ils profitaient du spectacle, Big Louis le pervers qui se faisait massacrer. Les frangins se régalaient de cette séance d'ultraviolence comme Alex et ses droogies après une rasade de lait Moloko Plus dans *Orange mécanique*, un de leurs films préférés.

De 8 heures à midi, ça n'arrête pas. Les camés affluent. Et puis ils disparaîtront au début de l'après-midi pour réapparaître vers 18 heures. Même cirque. Ils s'éclipsent jusqu'à 22 heures et reviennent chercher une dose. Ces horaires décalés conviennent aux frangins. C'est mieux que de cuire des burgers pour 5 dollars l'heure. Les gens imaginent que les dealers mènent la grande vie et mangent tous les jours dans des restaurants gastronomiques. Pour Bill et son frère, la plus grande folie se résume à se prendre la maxi-friture de fruits de mer chez Nathan's, à Coney Island. Un camé en kippa lui agite un petit livre en bois sous le nez. « Détends-toi mon pote, j'ai pas le temps pour ces conneries. » Ce HLM de Farragut, c'est leur turf. Ils ont sué sang, eau, bicarbonate de soude et ammoniaque pour s'installer ici. Leur quartier. Une fois leur mère leur avait dit après avoir découvert un flingue dans la penderie : « Vous êtes des merdes, comme votre père, vous finirez comme lui. »

Quelques heures plus tard, la nuit tombe. Bill et Necro ont terminé leur journée. Ils rentrent cacher le fric à la maison. Bill est vanné, il a juste envie de se commander un bobun et de revoir *Apportez-moi la tête d'Alfredo Garcia* pour la énième fois. Necro a un rencard. Une petite goy avec des seins gros comme des ogives soviétiques. Dans un bar à Coney Island. Il a mis sa plus belle et sa plus épaisse chaîne en ro-ro (une madone juive bien en chair à l'air énervé), une parka Triple Goose à 400 dollars, un polo Rugby de chez Ralph Lauren à manches longues, un jean Tommy Hilfiger et une superbe paire de Jordan. Plus frais que lui, tu meurs. Il prend l'ascenseur qui pue la pisse et salue ce vieux Juif orthodoxe qui fleure bon les bagels au saumon et l'huile bénite de la synagogue du coin de la rue. Au *corner*, malgré une température de goulag, Necro croise un clodo portant un slip en jean et un chapeau de cow-boy, avec une paire de santiags pour la quadrature de ce cercle de l'enfer new-yorkais, le cow-boy Marlboro qui n'allait pas tarder à choper la tuberculose comme le pote de Jon Voight dans *Macadam Cowboy*. Une voiture de patrouille passe au ralenti, et le flic à la place du mort, un Black au cou de taureau, dévisage Necro qui ne calcule pas tout de suite le gonze en uniforme bleu du NYPD. Le flicard fixe Necro avec une rage contenue et froide. Necro met les mains dans les poches pour s'assurer qu'il n'a pas oublié un flingue ou un pochon d'herbe. Il ira toper de la marijuana chez Enrique à Coney Island. Le flic au volant le mate aussi et la voiture de patrouille longe le trottoir comme un squale dans un océan de bitume. Necro les regarde à son tour, avec un sourire ironique sur les lèvres, genre : « C'est comme ça que vous dépensez l'argent du contribuable, les mecs ? Vous avez rien à foutre d'autre que de harceler un pauvre prolo juif qui s'en va se détendre après une dure journée de labeur ? » La voiture freine dans un crissement de pneus plein de frime et d'arrogance assermentées.

« Efface-moi ce sourire tout de suite, connard ! » gueule le flic noir en sortant de la bagnole, la main sur le flingue. Le conducteur est un Hispanique, court sur pattes et trapu, si petit que Necro se demande comment il a pu passer les tests de recrutement du NYPD.

« Vous avez pas le droit de casser les couilles pour rien. J'ai rien fait. C'est du harcèlement.

— Les mains sur la tête, connard ! » aboie le Latino.

Le flic noir mate les Jordan rutilantes, hors de prix, le jean griffé, la doudoune superclasse et surtout la chaîne en or que ce jeune con arbore si fièrement.

« Allez, cassez pas les couilles, vous trouverez rien sur moi, les mecs, allez choper les cols blancs corrompus sur Brooklyn Heights.

— Ta gueule ! crache le flic noir qui le plaque contre le capot gelé. Tu deales ? T'es un dealer… Ça se voit comme le pif au milieu de la gueule ! »

Le Latino le palpe.

« T'as des papiers ?

— Ouais, dans la poche de ma Goose. »

Le Latino sort une liasse de billets. 300 dollars.

« C'est quoi ce fric ?

— Le fric du travailleur, connard. On est vendredi soir. En Amérique. »

Le flic noir soupèse la madone juive en or massif.

« Je connais pas beaucoup d'ouvriers qui se trimbalent ce genre de quincaillerie. »

Le Latino lui tend les papiers.

« William Braunstein, c'est ça ? C'est juif ? Eh, Alvarez, un connard de Juif dealer de dope. Ça court pas les rues...

— T'es pas à la synagogue ? se marre le Latino.

— Sympa le polo. Et t'as un bonnet Ralph Lauren aussi...

— Trop cher pour toi, connard. »

Le Noir lui passe les pinces et pas en douceur. Necro se tord de douleur. On lui a déjà mis les bracelets, mais là, c'est vraiment personnel.

ETHAN HOROWITZ

New Jersey – 1986

Les psychologues avaient tenté de comprendre sa cartographie mentale, essayé d'emprunter toutes ces autoroutes censées mener à un enfer familial, la drogue, la maltraitance, mais Ethan n'avait jamais été maltraité. Brooklyn était tout simplement toxique. Des gens s'intoxiquaient à l'amiante, lui c'était aux vapeurs du quartier. « N'oubliez pas d'où je viens. Trois kilomètres carrés où s'entassent plus de 28 000 personnes dans la concentration de HLM la plus forte des cinq *boroughs* de New York. »

Pendant que son père s'active dans la cuisine, Ethan s'enferme dans la salle de bains miteuse. Il se regarde dans la glace : coupe réglementaire de l'Adolescent Reception and Detention Center – centre de détention pour adolescents – de la prison de Rikers, tatouage à l'encre noire sur sa peau blafarde (« Prends le soleil, petit Blanc ! » hurlaient certains détenus dans la cour, les matins d'été, quand la canicule semblait faire fondre les barbelés de la prison et qu'il cherchait désespérément un coin d'ombre dans le *yard*), muscles acquis à la barre de traction quand il s'ennuyait parce qu'il n'avait plus rien à lire ou que ses quelques amis avaient été libérés ou moisissaient au quartier d'isolement, yeux couleur métal, perçants et reflétant un QI supérieur à la moyenne, toujours selon les tests psy en taule. Que foutait-il au volant d'un véhicule volé à 1 heure du matin à Trenton, dans le New Jersey, loin de chez lui ? Il avait 15 ans. Et c'était déjà une légende de ce que les gamins d'aujourd'hui appellent le *Grand Theft Auto*, le vol de bagnoles, considéré comme l'un des beaux-arts.

La première journée en prison lui avait paru harassante. Suivre des instructions, marcher le long d'interminables corridors, se déshabiller, se rhabiller au gré des fouilles, ne pas se laisser submerger par le bruit, infernal dans ce cercle carcéral d'un Dante peu amène avec ses prisonniers, les clés qui cognaient les barreaux, les vociférations des matons, les cris des taulards. Il n'avait qu'une envie : dormir. Il avait passé toute la nuit dans une cellule froide et humide d'un commissariat du New Jersey. La veille, il traînait dans un quartier pavillonnaire de Trenton, à la recherche d'une Pontiac 6000 STE quand il en avait vu une garée dans la cour d'une maison. D'habitude, il ne donnait dans le *home-jacking* que quand il était coincé dans une banlieue lointaine (Yonkers, Westchester, Riverdale, Rochester) et qu'il fallait qu'il rentabilise son équipée nocturne. Ce soir-là, les bagnoles garées dans les rues semblaient tout droit sorties de rêves étriqués de petits employés mornes habillés chez Walmart et ne valaient même pas le coup d'un tour du pâté de maisons. Des Ford ayant échappé de justesse à un contrôle technique défaillant. Il était minuit, il portait un jean Levi's noir sur un sweat-shirt à capuche Champion de la même couleur, pour se fondre dans l'obscurité. Dans le genre rôdeur, il aurait pu décrocher le rôle. Pour attirer les flics, il n'y avait pas mieux. Il devait se grouiller. Alors, il avait repéré la Pontiac et sauté par-dessus la palissade. Il était un as pour déverrouiller une portière avec une règle métallique. C'était Dutch, un OG juif de Brooklyn, qui le lui avait appris. Dutch avait fait des petits trucs pour des gangsters juifs des années 1970, un voyou à l'ancienne.

Cette nuit-là, l'hiver du New Jersey mordait la chair d'Ethan. Il avait ouvert le portail en grand, qui avait grincé. Il devait se grouiller maintenant. Le propriétaire de la Pontiac avait garé la voiture dans son allée, il n'avait pas bloqué les portes et Ethan n'avait pas eu à se servir de sa règle. Du cheesecake, ce *home-jacking*. Il s'était installé à la place du conducteur. Le dieu des voleurs de voitures se baladait dans le New Jersey cette nuit-là. Les clés étaient sur le contact. Il avait démarré et les phares puissants avaient déchiré le manteau nocturne et hivernal du Garden State – l'État jardin –, surnom du New Jersey. C'est à ce moment-là que toutes les lumières de la maison s'étaient allumées et qu'il avait entendu quelqu'un crier. Un type au gabarit de quarterback avait surgi de nulle part, braquant un Glock sur Ethan, qui avait failli en pisser dans son Levi's. Le joueur de foot portait une moustache, une authentique moustache de flic italien du New Jersey, il se trimbalait aussi avec un badge autour du cou qui rebondissait contre son torse puissant tandis qu'il hurlait à Ethan de sortir du véhicule. Plus tard, Ethan saurait de la bouche d'autres flics que la seule raison qui l'avait retenu de lui exploser la cervelle sans sommation était qu'il était… blanc. Les années 1980 n'avaient pas été tendres pour les *brothers*, les frères noirs trop souvent interpellés par la police. S'il avait été noir ou hispanique, peu importe qu'il soit encore mineur, c'était une balle dans la cafetière garantie.

« Sors doucement les mains sur la tête ! Au moindre mouvement louche, je te pulvérise la tronche ! »

Ethan n'avait pas fait le malin. Il avait aperçu une femme et un gamin, près de la porte de la maison. Le gamin devait avoir entre 7 et 8 ans et semblait fasciné. Le gendarme avait arrêté le voleur. Ethan était sorti de la caisse, les mains sur la tête, s'attendant à recevoir une balle d'une seconde à l'autre. Toute la frime et l'attitude « je-m'en-foutiste » à la mode Brownsville ne servaient à rien ici. Il était baisé.

Le quaterback haltérophile portait un survêtement en coton gris sur un short de basket noir. Il parlait maintenant dans sa radio portative et la cavalerie n'allait pas tarder à débarquer. Un flic italien aux cheveux frisés qui arborait une moustache, probablement membre d'une fraternité de la police ou d'un club de boxe, heureux propriétaire d'une Pontiac, père d'un adorable bambin, époux attentionné d'une gentille Italienne, le rêve banlieusard américain. Manquait plus que le chien. Le flic à moustache s'appelait Joey et il avait frappé Ethan à la mâchoire avec la crosse de son flingue autrichien. Il l'avait menotté ultra-serré façon Michael Stewart[1] en attendant que les collègues débarquent. Des flics en civil dans des Crown Vic, trois voitures de patrouille. Merde. La crème de la police de Trenton qui faisait brûler de la gomme devant le pavillon du quaterback, sirènes hurlantes,

1. Michael Stewart, jeune graffeur new-yorkais arrêté dans le métro par les flics après avoir tagué une station à Brooklyn en 1983 et retrouvé mort quelques heures plus tard dans le fourgon de police. Cette bavure provoqua beaucoup de tension entre le NYPD et les jeunes Noirs cette année-là.

réveillant toute la zone pavillonnaire comme si Jeffrey Lionel Dahmer, le tueur en série surnommé « le cannibale de Milwaulkee », était venu piquer une voiture à Trenton, New Jersey. Ethan eut droit au tabassage en règle quand on ose venir s'attaquer à des flics chez eux. Il s'était déjà fait bastonner à Brooklyn, mais par des gamins de son âge. Là, il se retrouvait pris sous un déluge de coups donnés par des hommes qui pesaient tous 100 kilos facile.

« Tu reviendras plus jamais dans le New Jersey, salopard. »

Quand ils l'avaient ramené au poste, il ressemblait à Mitch Green après son combat au Madison Square Garden contre Mike Tyson. Ils avaient entré son nom dans leur base de données et l'historique de ses arrestations ainsi que son séjour à la maison de redressement de Spofford étaient apparus.

« Ethan Horowitz, c'est youpin ça ? Ça sonne youpin », avait lâché Joey, le flic sous stéroïdes.

Un jeune agent avait fait une moue réprobatrice.

« On n'a pas besoin de ça ici. »

Joey s'était levé de sa chaise et avait enfoncé son doigt rageur dans la poitrine du jeunot.

« Eh, ma parole, mais ce bleu-bite ne sait pas comment ça se passe par ici… Tu vois tous les hommes qui sont dans cette pièce ? »

Il avait désigné du doigt la demi-douzaine d'inspecteurs en civil.

« Il se peut qu'un jour, et je ne te le souhaite pas, tu te retrouves avec un nègre armé qui se balade dans ton jardin et qui soit pas venu pour te souhaiter un joyeux Noël. Et là tu seras heureux de pouvoir compter sur ces hommes. Tu piges ? »

Ethan fait encore des cauchemars de cette nuit-là. Ils l'avaient foutu à poil et jeté dans une cellule dégueulasse. L'avocat commis d'office était une épave sans nom, qui avait quand même essayé de porter plainte pour violences policières, sur mineur qui plus est. Les flics de leur côté avaient fait en sorte d'éviter toute éventualité de procès pour mauvais traitements : Ethan s'était donc retrouvé avec une batte de base-ball dans son dossier déjà bien chargé, violation de domicile privé, vol avec effraction sous la menace d'une arme. Harrisburg, l'avocat juif, avait tenté de convaincre le juge d'envoyer Ethan dans une prison plus souple de l'État jardin, puisque le gamin avait commis son crime dans le New Jersey, mais l'honorable et irascible juge n'avait qu'une idée en tête : renvoyer le délinquant chez lui à New York. Le bus pénitentiaire l'attendait à 6 heures du matin dans la cour de la prison du comté, avec ses arbustes et ses nains de jardin.

J.J.

LeFrak City – 1989

Le jour où J.J. essuie trois coups de feu tirés d'une Nash bleu marine est aussi le jour où son père meurt d'une crise cardiaque, dans la salle de bains de l'appartement familial à LeFrak City. Elle traîne avec sa clique sur Horace Hardy Boulevard, insouciante, après avoir passé la journée à détrousser des touristes dans le métro. Elle a plus de 100 dollars dans la poche, quelques cartes de crédit qu'elle jette dans les égouts. Elle est avec Viper et trois autres filles. Elles sirotent des bières Old English.

D'un HLM voisin parviennent les paroles de la chanson de MC Shan *The Bridge*. C'est l'hymne du Queens. The Bridge, c'est le surnom de la cité Queensbridge, quatre-vingt-seize blocks de brique brune le long de l'Hudson, à Long Island City, que surplombe l'imposant pont de Queensboro à partir de la 59th Street. Des HLM infestés de crack et de dealers dont les fenêtres offrent une vue sur la *skyline* de Manhattan. La psychose urbaine du Queens projetant son ombre sur les immeubles luxueux de l'île. J.J. est dingue de ce titre.

Queensbridge
Keep on rockin
The bridge
Will keep rockin
If the beat stop rockin
The bridge will keep rockin
If the beat stop rockin
The bridge will keep-a rockin
Till the beat stop rockin
The bridge will keep-a rockin
Till the bridge stop rockin
The kids will keep-a rockin
When the bridge stop rockin
The bridge will keep-a rockin
If the kids stop rockin

Plus tard, KRS-One, un rappeur du Bronx, répliquera avec un titre irrespectueux envers les résidents de Queensbridge, *The Bridge Is Over.*

The Bridge will keep-a rockin
If the kids stop rockin

Des coups de feu éclatent. Un .22, d'après les déflagrations sèches qui déchirent la douceur automnale. Une morsure. C'est comme si quelqu'un l'avait mordue au bras. C'est la première sensation de J.J. quand elle bascule sur le capot d'une Chevy. Les filles se sont jetées au sol, les gamins courent se réfugier derrière un toboggan, qui sert provisoirement de bouclier. Six autres balles sont tirées et la Nash bleu marine bombarde Horace Hardy à plus de 80 km/h.

Les chirurgiens des urgences de Jamaica ont l'habitude des blessures par balles. Certains iront même dans le Golfe, pendant la guerre, cinq ans plus tard, prodiguer des soins aux G.I., forts de leur expérience des guerres new-yorkaises. Et reviendront au pays avec un autre bagage : le Golfe leur a fait découvrir les dégâts que pouvaient causer les fusils d'assaut, les M16 et les M60, des armes que l'on retrouvera plus tard dans les rues des ghettos américains.

Les toubibs extraient la balle de l'épaule de J.J. tandis que deux flics en costume de la brigade criminelle du Queens attendent dans le couloir. Sa mère aussi est là, le corps de son père est quelque part dans l'une des petites salles aveugles. Les inspecteurs l'empêchent d'entrer dans le bloc opératoire et demandent à des képis de la conduire dans la grande salle d'attente.

Dans le couloir patiente l'inspecteur Mackenzie, un grand flic roux et tout en muscle, qui s'est laissé pousser une petite moustache à la mexicaine, que ses collègues raillent en permanence. Il s'approche du distributeur à café et compte les brancards pour tuer le temps. Une bonne dizaine de dealers, d'aspirants dealers qui se trouvaient au mauvais endroit au mauvais moment, selon la formule consacrée, affluent vers les blocs opératoires. Des petits soldats blessés sur le champ de bataille de la dope, alors que le pays lui-même s'évertue à mener une guerre contre la drogue, guerre absurde, une guerre qu'il ne gagnera jamais. Mackenzie a bossé autrefois dans une unité antigang dans le Queens et rien que d'après les fringues que les types portent, il peut les localiser : Guy R. Brewer Boulevard, Gangster Unlimited, les voyous confédérés de South Jamaica et quelques lascars des cités de Baisley, probablement des soldats de la Supreme Team. J.J. sort du bloc opératoire. On ne lui a rien dit pour son père. Elle est encore shootée aux anesthésiants et se dit qu'elle reviendra piquer du sufentanil (mille fois plus puissant que la morphine), du remifentanil, du fentanyl et de l'alfentanil. Ils en ont plein les tiroirs ici de ces produits. Les infirmières la transfèrent dans une petite chambre sans âme, qu'elle partage avec un jeune Portoricain lui aussi opéré d'une blessure par balle. Il en a pris une dans le cou, mais le projectile n'a endommagé aucune artère vitale. Dommage, doit se dire Mackenzie, une ordure de moins dans la rue. Le flic s'impatiente un peu. J.J. l'intrigue. Ses copines sont dans le couloir, à attendre des nouvelles. Est-ce un nouveau gang composé uniquement de filles juives ? Il faudra qu'il dise un mot à Brodsky, un vétéran de la brigade de surveillance des gangs, à deux ans de la retraite. J.J. déchire l'épais voile cotonneux et chimique et la première personne qu'elle voit, c'est sa mère. Elle lui annonce la nouvelle dans un torrent de larmes, mais sa fille n'exprime aucune émotion.

« C'est toi, espèce de salope sans cœur, c'est toi qui l'as tué ! »

La mère vire hystérique et deux types de la sécurité l'escortent fermement hors de la chambre. Mackenzie montre son badge à l'interne et entre dans la pièce grise.

« Inspecteur Mackenzie, brigade criminelle, lâche le flic sobrement. Mes condoléances pour ton père. » Il la tutoie directement. Rutowsky, son collègue, gros et suant, débarque à son tour dans la chambre, un donut dans une main et un café dans l'autre, sans se présenter. La blague dans le service, c'est que si vous avez oublié ou perdu votre badge, vous pouvez brandir un donut.

« Tu fais partie de quel gang, J.J. ? Je préfère te le demander à toi plutôt que d'embarquer tes copines, là, dans le couloir et de les cuisiner pendant quatre heures. »

J.J. sent qu'il observe son tatouage, Cee Jay, dessiné par un artiste d'Ozone Park, pour 120 dollars.

« Cee Jay… Jamais vu… D'après les papiers que ta mère a fournis à l'hôpital, tu habites à Lefrak City. »

J.J. ne répond pas.

« Je sais que c'est dur pour toi. Tu t'es fait tirer dessus, ton père vient de mourir, et t'as deux flics de la crim' dans ta chambre. Je sais aussi que tu dois respecter le code de la rue et que tu ne peux pas parler aux flics, sous peine d'être cataloguée comme balance. Écoute, tu sais ce que je vais faire ? Je vais passer un coup de fil à mon collègue de la brigade antigang et je vais voir ce qu'il me donne sur Cee Jay. »

L'antigang passe une heure à regarder des photos de graffitis prises à LeFrak City, Corona, Astoria et même jusqu'à la péninsule de Far Rockaway. Un inspecteur de la brigade du métro, Andrews, enquête déjà sur des actes de vandalisme commis dans les stations de Grand Avenue – Newtown, Elmhurst Avenue, 103rd Corona Plaza, Woodhaven Bld. Sur les lignes 7, F et M. Il a pris des photos. Elles correspondent à la signature des Cee Jay. Les flics retournent voir J.J., menottée au niveau de la cheville sur son lit d'hôpital. Elle explique qu'elle a « cartonné » le métro toute seule. Mackenzie n'en croit pas un mot.

« T'es en état d'arrestation pour vandalisme aggravé. Vous avez “toyé” des tags des Latin Kings. Alors tu sais ce que je crois ma belle ? C'est que tes petites copines et toi vous vous êtes aventurées un peu loin en territoire Latin Kings et que tu t'es fait tirer dessus en guise de représailles. »

Il ne sait rien des agressions, enfin pour l'instant.

« Tu te rétabliras dans une cellule médicalisée de la prison municipale. »

La MTA, Metropolitan Transit Authority, la régie des transports new-yorkais, porte plainte pour dégradation et vandalisme aggravé. Andrews l'interroge dans sa cellule. Elle porte l'uniforme des détenues de la prison municipale du Queens, chemise cartonnée kaki et pantalon kaki ample, toile épaisse.

« T'as pas entendu parler d'un jeune King de 15 ans qui s'est fait "bomber" le visage à la station de métro Junction Boulevard, il y a une semaine ? Il a failli mourir asphyxié. Il dit que ses agresseurs étaient masqués, mais qu'ils avaient des corps et des voix de filles. » Andrews n'a pas grand-chose à se mettre sous la dent. La déposition du King tient sur quatre lignes et il est clair que l'histoire se réglera dans la rue, d'une manière ou d'une autre.

« Le juge a ton dossier scolaire entre les mains. Tes profs disent tous que tu es une fille intelligente, voire brillante, mais qui gâche son potentiel dans la rue. Ce que j'essaie de te dire, c'est que tu as échappé de justesse à un règlement de comptes, mais que ce n'est pas fini. Ils vont revenir finir le boulot, pour le jeune King de Junction ou pour tous les autres que vous avez tabassés. »

J.J. le regarde droit dans les yeux.

« Je ne sais pas de quoi vous parlez, inspecteur. »

Andrews prend une profonde inspiration.

« Ils vont t'envoyer loin du Queens. Quinze mois dans une ferme pénitentiaire dans le Nord. Ça te sauvera provisoirement la vie. »

Le pronostic d'Andrews s'avère inexact. J.J. prend dix mois, parce que c'est sa première condamnation. Elle est envoyée purger sa peine sur l'île carcérale Rikers.

ETHAN HOROWITZ

Marcus Garvey Village – 1989

« Les bagnoles, ça rapporte plus de thunes, mon pote. C'est trop risqué maintenant avec tous ces nouveaux systèmes de verrouillage électronique », lâche Big Vic-Lo à Ethan, alors qu'ils sirotent une Old E. dans le salon de Big Vic-Lo, cité Marcus Garvey Village. Le village des Apaches, comme l'appellent les résidents, en référence au fameux commissariat du Bronx, Fort Apache, le 4e *precint.* Zone de guerre. « Les bagnoles les plus volées quand j'étais en taule, c'est toujours les mêmes putains de classiques. Audi 5000 S Turbo. Les Allemands sont rigoureux, y a pas à chier. »

Big Vic-Lo n'en revient pas : « Un Juif qui pique des bagnoles boches, ça m'en bouche un coin ! »

Ethan continue sa revue. « J'ai passé l'année en prison et j'étais quand même au jus de ce qui se faisait de mieux en matière de caisses. La Chevy Camaro IROC-Z. Achetez américain. Roulez américain. Volez américain. La Chevy Corvette, venez chercher Jésus avec, foncez jusqu'au mont Golgotha, arrachez le *homeboy* de sa croix et faites rugir les moteurs. Dodge Caravan/Plymouth Voyager. Ne me dites pas que c'est une caisse de père de famille parce que ça me culpabiliserait. Combien de fois j'ai piqué ce genre de caisse ? Des tas. Et vous savez ce que je trouvais dedans ? Des paquets de Pampers, des tétines de bébé, l'argus de l'année, un dossier de candidature de la fac pour le fils prodige et… un exemplaire de *Playboy* bien caché dans le coffre. Sans cet exemplaire, ce père de famille, ce bon Américain de la côte Est, ce bon WASP qui a contracté deux assurances-vie, qui a trois TV, deux voitures et un labrador, eh bien il aurait craqué mon *homie* ! »

Big Vic-Lo ricane.

« Je le confesse, j'ai piqué des caisses nippones. Honda Accord, sans celui du propriétaire. Rien à foutre de tous ces bikers survivalo-nationalistes, fétichistes des armes, aux estomacs gonflés à la Budweiser, qui brûlent des Honda dans leur festival à la con. Honda, c'est de la balle. J'ai échappé aux flics des tas de fois avec une Honda. C'est fiable et soumis, comme une petite Jap' des *fifties*. Avec Honda, que des bonnes ondes, mon pote. Achetez américain, mais volez japonais ! Honda Civic CRX, c'est la bagnole de la classe moyenne blanche, je vole sans problème, les pièces se vendent comme des petits pains. Honda Prelude ? Je me suis déjà trop enfoncé dans la graisse de moteur tokyoïte, alors une de plus. Prélude à quoi ? À un bon vol des familles. Merkur XR4Ti. La version américaine de la Ford Sierra XR4i européenne. Dans le genre cadre surmené, je l'ai toujours trouvée parfaite. Les gars pour qui je volais m'en demandaient toujours. La Pontiac 6000 STE ? J'aimais grave les conduire ces caisses, en écoutant Gladys Knight and the Pips à fond la caisse. Et pour finir je te dirais la Porshe 944 pour le côté gros richard septuagénaire des *suburbs* qui a fait fortune dans le soda et qui emmène sa petite jeunette de 25 ans faire un tour du côté d'Atlantic City pendant que sa régulière regarde le dernier épisode de *Hopital Central – Alliances & Trahisons* – en faisant passer son Prozac avec un verre de chardonnay. Du pinard, du Prozac et du soap-opéra. C'est ce que j'appelle un putain de cocktail de Riverdale. Et sinon c'est quoi le plan ? demande Ethan à Big Vic-Lo. J'ai fêté mes 15 ans sur une prison flottante coincée entre le Bronx et le Queens. El Barge. À 16 ans j'ai été transféré à Rikers Island où j'étais le seul Juif de mon block. Ce sont des Portoricains et des Noirs qui ont sauvé mon cul des griffes des mecs de la Fraternité aryenne. J'ai souffert certes, mais j'ai découvert que tout le monde n'était pas mauvais. Aujourd'hui je fais quoi ? »

Big Vic-Lo lui propose d'intégrer le gang des Lo-Life. (Ce n'est que deux ans plus tard que le nom de la tribu sera officialisé.) Il ne répond pas. Il pense encore à ce que lui a dit son père. Deux options dans le Nord. Mais dès le lendemain, Big Vic-Lo l'invite à chiller avec d'autres tireurs. Le soir même, Ethan traîne avec Big Vic-Lo dans Marcus Garvey Village. Vic-Lo est comme un pharaon du ghetto qui veut se faire enterrer avec ses plus belles parures. C'est d'ailleurs le mot d'ordre des Lo-Life. « *Bury me with the Lo on.* » Un des blousons de la marque au cavalier les plus recherchés est le modèle dit Ski 92, appelé aussi dans la rue Ski Suicide Jacket, car il faut être suicidaire pour le porter dans la rue. Tous les fanatiques addicts lobotomisés de la marque cherchent ce modèle comme Cortés cherchait l'or des Indiens. Il n'est pas rare de voir des Lo-Life porter la veste avec des trous et des traces de sang séché dans le dos. « On essayait de les dépouiller, mais ils ne se laissaient pas faire, explique le producteur Just Blaze, accro à la marque, mais pas directement affilié au mouvement. De nos jours ces vestes continuent de se vendre sur e-Bay, mais ça ne coûte plus un bras comme auparavant. » Bientôt, Ethan aussi aimera arborer les vêtements qu'il aura arrachés sur les présentoirs de Bloomingdale's. Le quotidien des Lo-Life est fait de *boosting* et de *racking*. Le terme *boosting* s'applique plus à ceux qui volent pour de l'argent alors que *racking* désigne une personne qui vole par nécessité ou par amour du risque. « On n'avait pas de kleptomanes dans le mouvement, sourit Rack-Lo, cofondateur des Lo-Life, parce que la kleptomanie c'était un truc de gosses de riches perturbés de Manhattan. Nous, on était juste des petites crevures de Brooklyn. À la base, on était des artistes graffeurs. Un jour qu'on défonçait des métros à Jersey City, on s'est dit que si on pouvait voler des bombes aérosols, on pouvait aussi piquer des fringues. »

Le groupe commence par chaparder des vêtements Benetton. C'est ironique. Les futurs voleurs à l'étalage unis d'Amérique pillent l'enseigne qui plaide pour des « Couleurs unies ». Ensuite c'est au tour de Guess et de Tommy Hilfiger avant que la clique ne fasse de Ralph Lauren son obsession absolue. « On piquait aussi des fringues pour femmes, qu'on revendait dans les salons de manucure et chez les coiffeuses. Il nous arrivait d'en refourguer directement dans le train, sur le chemin du retour ! » Les plus durs arrachent aussi des chaînes. Les plus malins jouent les pickpockets dans le métro. Quelques membres pointent même de 9 à 17 heures et se font un magasin le week-end pour mettre du beurre dans les épinards, mais ils sont plutôt rares. Les Lo ne portent pas exclusivement du Ralph Lauren : « On portait du Fila, du Nautica, du Guess, du DKNY, mais on a toujours eu une énorme préférence pour Ralph Lauren. Ralph Lo, c'était vite devenu l'uniforme des ghettos et des endroits insalubres de New York. On avait l'exclusivité de la marque Polo dans le ghetto ! Les gens nous identifiaient et se reconnaissaient en nous. On a imposé cette marque dans le *hood.* »

Ralph Lauren représente la mobilité sociale, le rêve américain d'un petit Juif du Bronx qui a bâti un empire dans la mode. D'une certaine manière, beaucoup de petits gars du ghetto rêvent de le quitter et aspirent à une nouvelle vie faite d'opulence et de petits cavaliers. Rack-Lo explique : « Ralph Lifschitz a changé son blaze pour devenir un authentique WASP de la côte Est. Il ne voulait pas qu'on l'appelle Ralphie du Bronx. Il voulait posséder le monde. Et il a réussi. L'ironie veut que ces gamins des cités de Brooklyn n'aient jamais pratiqué ni la voile ni le polo ou le ski, sports de riches sur lesquels le *storytelling* de la marque s'est construit. À Brownsville, dans les HLM, on ne trouve pas d'écuries ni de chevaux. Les seuls chevaux que l'on peut voir sont ceux de la police montée de New York. Voilà pour le rapport au cheval. On ne trouve pas non plus de yachts au large de Coney Island. Et le seul équipement de ski que certains gosses de The Ville connaissent, c'est le passe-montagne, le fameux *ski-mask* qui permet de braquer un épicier sans griller son identité. Mais cette mythologie de gosses de riches fascinait les Lo-Life. Un rêve aux couleurs criardes et à 750 dollars le blouson. Les voleurs jouaient aussi un rôle social. Ils étaient des symboles, dans la mesure où ils permettaient aux plus pauvres de porter des fringues de riches. »

Ethan passe des jours à traîner avec Big Vic-Lo, Rack-Lo, Rudy-Lo et tous les autres enfoirés des cités de Marcus Garvey. Il vole maintenant comme il respire, mais il ne touche plus aux voitures. C'est devenu presque superstitieux. Il sent que la prochaine fois qu'il déverrouillera la portière d'une voiture, un gus l'attendra avec un flingue dans le dos et lui bousillera la colonne vertébrale. Ou qu'il trouvera une carte de Monopoly scotchée au pare-brise. Carte Prison. Il évite les bagnoles comme la peste.

Pour l'instant, avec ses gars, il se contente de prendre le métro. Vingt-cinq gonzes qui montent tranquillement dans la rame et ne cherchent à faire peur à personne, plutôt à s'amuser déjà en pensant à ce qu'ils vont faire en arrivant sur The Deuce. Voir un film, frimer et retourner au charbon le lendemain pour la communauté. Tel est le programme. Voler pour vendre pas cher et permettre aux bougres du ghetto de s'offrir une chemise de courtier de Wall Street. Les honnêtes travailleurs du quartier qui ont un boulot de 9 à 17 heures ne font rêver personne. Les gamins lorgnent avec envie les dealers, les voleurs et les braqueurs. Personne n'a envie de soulever des palettes dans un entrepôt glacial du Queens pour le salaire minimum. Les gamins matent les jeunes adultes qui roulent des mécaniques en portant des doudounes à 2 000 dollars. « "Plus tard, je veux ressembler à ces types", voilà ce que nous disaient les *kids*, lâche Rack-Lo. On a donné du rêve aux gens. »

Ethan offre un polo à son père pour son anniversaire, un de ceux de la collection Respect Wildlife, avec le patch représentant un cerf avec les couleurs de l'arc-en-ciel en arrière-fond. « T'es un Lo-Life papa maintenant. » Son père fait la grimace et demande à Ethan ce qu'il compte faire : « Tu passes ton temps à voler dans les magasins, tu trouves ça noble ? Je préférais presque quand tu volais des voitures. Tu fais comme tous ces minables, ces petits ratés de Marcus Garvey Village », voilà ce qu'a coutume de lui répondre son père, qui vend de la beuh dans le bâtiment. Entre Ethan et lui, les accrochages se font de plus en plus fréquents.

ILL BILL & NECRO

Glenwood – 1989

Pour fuir la guerre des gangs de Farragut, Ill Bill et Necro vont chez leur oncle à Glenwood les week-ends. Leur mère les dépose chez son frère héroïnomane et amateur de musique, Howard, que les frangins appellent Howie. Glenwood est une cité de Brooklyn, à un tir de flingue de Farragut, peuplée de *white trash*, ouvriers alcooliques, et de familles noires monoparentales, et malgré cette chimie particulière, le quartier ne connaît pas de flambées de violence significatives.

Howie est connu dans le quartier, principalement comme client, vestige improbable de l'époque de *Panique à Needle Park*, cherchant toujours la « veine froide » pour s'injecter l'héroïne de mauvaise qualité encore importée du Triangle d'or, alors que la mode est partout à la pipe à crack. Il se pique devant ses deux neveux, n'a pas spécialement envie de se cacher. C'est un peu comme une tare familiale, et les deux frangins ne sont pas choqués. Leur père était un criminel notoire, qui avait fricoté avec les Russes en Israël, ce qui lui avait valu de se faire expulser du pays. Il avait atterri avec sa femme dans la jungle urbaine de Brooklyn sans autre choix que de s'installer dans un clapier en brique brune. Puis un beau matin leur mère s'était retrouvée seule, abandonnée avec deux gosses perturbés sur les bras. Elle les confiait régulièrement soit à sa propre mère, soit à son frère Howie. Bien sûr elle ne savait pas que Howie vivait une romance en intraveineuse.

Dans ce tourbillon familial, c'est l'oncle volubile et polytoxicomane qui est le seul à pouvoir retenir l'attention des deux frangins. Il essaie de canaliser la colère de ses neveux en roue libre. Il leur file des conseils pour structurer le groupe de Necro. Bill est déjà à fond dans la culture hip-hop. Il écoute Schoolly D en boucle, même s'il garde précieusement ses cassettes de Paul Baloff[1]. Necro, lui, ne jure que par Slayer, mais il ne peut ignorer le nouveau son des DJ du Bronx qui déferle sur New York depuis 1977. Necro avait un an le soir du 13 juillet de cette année-là, au moment de la grande coupure d'électricité qui avait précipité la ville dans l'obscurité totale et provoqué une longue nuit de pillage caniculaire. Bill aussi était trop jeune pour en avoir des souvenirs précis, mais Howie passe des soirées à leur raconter cet épisode, comme tiré de l'Ancien Testament, quand la colère de Dieu et des gens du ghetto s'était abattue sur la ville. Les jeunots qui faisaient des *block parties* dans le Bronx en détournant l'électricité des HLM pour alimenter leurs *sound systems* préhistoriques avaient pillé des boutiques de hi-fi et chopé du matériel high-tech. Ça avait changé le son de la ville.

1. Musicien de trash metal né en 1960 et chanteur du groupe Exodus avec lequel il ne sort qu'un album, culte et gore, *Bonded by Blood*, considéré comme l'un des meilleurs disques de trash metal. Au programme : du sang, de la sueur et encore du sang.

Howie ramène souvent les gamins sur The Deuce, le surnom de la 42nd Street, Times Square, pas le Disneyland des touristes d'aujourd'hui, mais le dépotoir humain de la seconde moitié des années 1980. The Deuce, c'est surtout des salles de cinéma, des pornos, des doubles programmes de série B et de série Z, et c'est là qu'on peut voir les films de kung-fu de la compagnie Shaw Brothers. Tous les petits jeunes des cités raffolent des productions Shaw.

Necro et Bill ne connaissent pas encore les mecs du Wu-Tang Clan, mais c'est sur ces trottoirs crades éclairés par des néons blafards qu'ils font le pied de grue en attendant qu'un molosse affilié à une famille mafieuse leur ouvre la porte du cinéma. Le Wu-Tang : un groupe légendaire qui gravera son blaze dans le bitume new-yorkais sept ans plus tard avec *Enter The Wu-Tang (36 Chambers)*, un disque au grain sale et oppressant, enregistré dans une cave à Staten Island. Cette clique a pris le ferry pour venir mater un double programme dans ce ciné de Manhattan. Ils sont neuf à attendre le début de la séance : Old Dirty Bastard, le Screamin' Jay Hawkins des cités new-yorkaises ; RZA, la tête pensante ; GZA, le barde mystique ; Inspectah Deck, chien fou du ghetto ; Masta Killa, le taciturne ; Ghost Face Killer et Raekwon, qui ont l'air tout droit sortis de l'asile ; U-God et Method Man. Les stups vous diraient que vous avez dans cette file pour le dernier film *Shaolin* la crème de la crème des *clockers* de Staten Island, le *borough* excentré de New York. Bill et Necro ne peuvent pas les manquer. Sur le trottoir d'en face, des Lo-Life posent pour la photo. Ils en mettent plein la vue à tout le monde, sauf aux macs et aux types de Cosa Nostra qui font tourner les cinémas. Les gamins reviennent de la patinoire et arborent leurs plus beaux vêtements Ralph Lauren. Bill remarque aussi toutes les jolies filles accrochées comme des scalps aux ceintures Gucci des lascars. Necro fait quelques signes avec ses doigts repliés, et des gars le saluent. On est entre types de Brooklyn. Staten Island est aussi dans la place avec plus de cinquante gonzes qui veulent échapper à l'enfer de la cité un samedi soir, les Latin Kings sont en nombre et représentent fièrement le Queens. Necro repère des gangs venus du Bronx : des Black Spades, des Black P Stones, des Bounty Hunters et des Cholos del Bronx. La 42nd Street, c'est un peu la ville des péchés du pauvre. Le Vegas du prolo et du jeunot de quartier. Les gonzes espèrent choper de la meuf, voir un bon film et se défoncer à la beuh et à la Old English. Les gangs respectent une espèce de trêve. Pas de baston. Déjà que les touristes flippent comme des malades et que ça file de l'urticaire au maire, tous ces macs et ces putes, ces dealers et ces camés. Huit ans plus tard, personne ne peut même encore l'imaginer, mais un ancien procureur antimafia et futur maire de la ville, Rudolph Giuliani, se mettra en tête de nettoyer la ville, comme l'ange exterminateur dans les films de *vigilante* des années 1980.

Necro analyse le film de la Shaw Brothers du premier au dernier plan. La musique, le grain de l'image. Tout cela nourrira plus tard sa propre musique. Howie a déjà emmené Bill voir des films pornos gonzo et d'obscurs navets horrifiques transalpins. Necro rêve de voir des films comme *Cannibal Holaucaust* ou *Cannibal Ferox*, mais Howie estime qu'il n'a pas encore l'âge. Après le cinéma, les esprits s'échauffent entre les différentes factions. L'alcool donne du courage aux plus faibles pour aller provoquer tel Latin King ou tel Cholo del Bronx. Les flics veillent, à cheval ou à pied. La tension est palpable. Il est temps pour Howie et ses neveux de reprendre le métro direction Brooklyn. Dommage, car les deux frères auraient aimé en découdre avec quelques Decepticons qui se sont faufilés dans la nuit en celluloïd de Times Square.

INTERLUDE

CHANTS DE NOËL

ETHAN HOROWITZ

Tilden Houses – Noël 1989
Noël approche.

Le premier Noël depuis la libération d'Ethan. Big Vic-Lo lui parle d'une grosse opération de *boosting* pour le soir de Noël. « Le truc, c'est que 50 % des vigiles prendront leur soirée pour regagner leurs banlieues lointaines et que le niveau de sécurité sera l'un des plus bas de l'année. » Soixante gonzes vont passer à l'action, une action chronométrée qui ne durera que cinq minutes top chrono. Le plan est simple : entrer dans le magasin, arracher tout ce qu'il est possible d'arracher dans le corner Ralph Lauren et se barrer. Le point de rendez-vous est un dépôt de métro de Brooklyn, au niveau de Navy Yard.

« L'idée, c'est juste de tétaniser tout le monde. Les vigiles, les employés, les clients. Ils n'ont pas l'habitude de ce niveau de violence psychologique. Le truc, c'est qu'on ne frappe personne. Si un vigile veut jouer les héros, il goûtera de la batte de base-ball ou du poing américain. On n'a aucune arme à part ces deux-là. Et encore. Une batte pour dix gonzes. Et on ne l'utilise qu'en cas de légitime défense. L'important est de sortir du magasin libre », explique Big Vic-Lo. Est-ce qu'Ethan veut en être ? Il pourra offrir de sacrés cadeaux de Noël à son père. En ce moment il est fauché. Il ne travaille pas, non pas qu'il cherche du boulot, mais quand on a passé toute son adolescence à voler des voitures, difficile d'envoyer des CV. Ethan réfléchit à la proposition de Big Vic-Lo. Bon, OK. Il en sera. Après tout, il ne sait faire que ça. Voler.

« On était les pères Noël du ghetto, explique Vic. Personne ne pensait à ces gamins qui ne recevaient jamais de cadeaux, dans les HLM de Brooklyn. » Il avait lu dans un livre pour enfants que ça se faisait d'écrire une lettre au père Noël. Dans sa famille, les seules enveloppes que l'on envoyait portaient toujours le code postal de la prison de Rikers. Lui-même avait fêté deux Noëls en maison de redressement et découvert que le père Noël était un héroïnomane arrêté trois fois pour non-paiement de pension alimentaire. Ethan regarde le bonnet de laine qu'il a volé avec Big Vic-Lo. Personne ne sait que ce truc vient du Bronx. Lord & Taylor sur la 5th Avenue. Une chaîne de grands magasins fondée en 1826 par Samuel Lord et George Washington Taylor. Des indépendants avant d'être rachetés par Associated Dry Goods Corp. C'est là que les Lo-Life vont frapper, au cœur de Noël, au cœur du consumérisme américain ennobli. Le luxe discret de la Hudson Bay Company, celui des fortunes des familles de la côte Est édifié sur des crimes secrets.

Les Lo-Life, cette clique d'inadaptés sociaux de Brownsville opère donc sa razzia le 24 décembre 1989 sur le corner Ralph Lauren de l'enseigne Lord & Taylor. Ethan n'avait pas imaginé que les choses seraient aussi simples, aussi faciles. Vic avait raison sur toute la ligne : peu de vigiles, et ceux qui bossent ce jour-là n'ont guère envie de passer la nuit aux urgences pour traumatisme crânien. Jeans, doudounes, polos de rugby, chemises, gilets, tee-shirts, pulls, sweat-shirts, vestes, anoraks, parkas, blousons, K-way, chaussettes, slips, débardeurs sont arrachés des présentoirs, sans oublier un truc que les Lo-Life adorent, les peignoirs et les serviettes de bain Ralph Lo. Plus tard, après avoir planqué le butin dans les HLM, la clique va frimer dans une patinoire de Manhattan, simplement vêtue de peignoirs. Il y a plus de filles qu'Ethan n'en a jamais vu, venues pour assurer le repos du guerrier. C'est le plus beau Noël de la vie du jeune voyou juif. Après l'austérité de la prison, il connaît l'abondance, la gloire, le respect et la fraternité de ceux qui volent ensemble. Les *boosters* sabrent le champagne, découpent de délicieux gâteaux. Ethan a piqué des fringues et des accessoires pour son père. Un des Lo-Life lui prête une bagnole propre, pas volée, une Acura Integra de 1985, et une paire de filles affolantes, Jenny et Christina, grimpent sur la banquette arrière. Deux bombasses portoricaines aux yeux de biche, à la peau caramel, aux seins lourds et tatoués, Vierge de Guadalupe autour du cou, cool et joviales, riant aux éclats dans un nuage de THC. C'est Noël : le seul soir où vous n'entendrez pas un seul coup de feu à Brownsville. Aucune déflagration ne vient troubler la naissance de Jésus. Ici, on survit grâce à la drogue ou à l'Église. Une bagnole passe au ralenti, et le conducteur baisse la vitre, malgré le froid, pour que les enceintes crachent l'*Eric B. Is President* d'Eric B. and Rakim. Un classique. 1989 a été un bon millésime pour la musique hip-hop, mais comme le dit souvent Ethan : « 1986, c'est mon année préférée. » L'année où il est tombé. Cette playlist, c'était son seul soutien pendant les six premiers mois d'incarcération. Stetsasonic, *On Fire*. Lovebug Starski, *House Rocker*. MC Shan, avec le 45 tours *Beat Biter / The Bridge* : l'hymne absolu aux HLM de Long Island City. Run-D.M.C. : un trio de Hollis, Queens, qui fait une véritable déclaration d'amour à la chaussure Adidas, modèle Superstar, dans le single *My Adidas*. Biz Markie, MC obèse et polisson : *Make the Music with Your Mouth, Biz*. Les Beastie Boys, des Juifs de la classe moyenne de Brooklyn absolument pas « gangsta », mais avec suffisamment d'énergie pour embraser n'importe quelle *party* au son d'*It's The New Style / Paul Revere*, deux singles déments. D'ailleurs, Ethan n'écoute pas d'albums, il n'écoute que les Maxi 45 tours. En bagnole, souvent, pendant le « boulot » quand il tirait des caisses dans tout l'État de New York, en se branchant sur les radios universitaires ou sur les radios urbaines, sur les ondes de Rikers Island, ou sur les enceintes des HLM des Linden Houses. Il tourne le bouton de la radio et tombe sur Ice-T, un poète gangster de la côte Ouest, *6 in the Mornin'*. Les filles soupirent. La guerre du rap entre les deux côtes n'éclatera qu'en 1995, mais les natifs de New York, les *born and raised*, n'écoutent que du rap de chez eux. Ethan aime bien le morceau, mais zappe. Tant pis. Retour sur Kool G Rap and DJ Polo, et vu le gabarit et le casier judiciaire du mec, l'épithète « cool » ne semble pas très pertinente.

Ethan et ses deux copines d'un soir prennent l'ascenseur pisseux, baigné d'un éclairage spectral, les bras chargés de cadeaux. Le père d'Ethan les accueille dans un vieux peignoir élimé de chez Walmart. Aaron a toujours aimé traîner en peignoir à la maison. La platine vinyle diffuse du bon vieux jazz West Coast. Lee Konitz. Shorty Rogers. Ethan dépose les cadeaux sur le canapé, dont deux superbes peignoirs saumon de chez Ralph Lauren. « Joyeux Noël, papa ! » Son père regarde les cadeaux. Et puis ses yeux se posent sur Ethan.

« C'est pour la première option que t'as opté alors. La prison. »

Les deux filles pouffent nerveusement.

« Remballe tes cadeaux, fils, j'en veux pas. »

Les larmes montent aux yeux d'Ethan.

« Allez, on se casse. »

Ethan biberonne de la vinasse E&J au goulot, un vin californien très apprécié dans les ghettos de New York. Les filles le prennent dans leur bouche, à tour de rôle, dans l'habitacle de l'Acura, mais il n'a pas la tête à ça. Il réfléchit aux deux options du nord de l'État. Et il se rend compte qu'il a toujours été coincé à Brooklyn.

ILL BILL & NECRO

Glenwood – Noël 1989

Howie leur montre le shoot de Noël. Il s'est offert de la came d'enfer, et passe des tubes klezmer et des trucs plus funky comme *Purple Snowflakes* de Marvin Gaye. Dans quelques jours, 1990 apparaîtra comme une meilleure année pour lui et ses neveux, même si Bill en doute. Il jongle avec les options : continuer à dealer de la dope ou s'investir dans la musique pour de bon. Il regarde par la fenêtre les cités de Glenwood et les perspectives tombent comme une pluie froide sur les terrasses des HLM : prisons, hôpitaux, morgues et souricières du palais de justice de Manhattan. Les lumières de la ville déclinent et les premiers flocons de neige tombent. Les frangins fêtent le Noël des chrétiens avec leur oncle puis iront fêter le Noël juif avec leur grand-mère, à deux blocks de là. Leur mère, une orthodoxe Baal Teshuva, vient de déménager à Canarsie, où elle aimerait qu'ils la rejoignent. Howie leur explique la dialectique complexe qui unit le dealer et son client. La mécanique hégélienne et narcotique est ici décortiquée dans ce petit trois-pièces. Quelques années plus tard, Necro produira le morceau *I Need Drugs* dans lequel il explique tout cela. Howie leur dit aussi qu'il rêve de monter un label. Il a déjà le nom : Uncle Howie

Records. Les neveux avalent la fumée des Phillie Blunt et leur esprit quitte un instant Brooklyn pour aller flotter au-dessus des penthouses et des gratte-ciel de Manhattan. « The City », c'est comme ça que les New-Yorkais qui n'y vivent pas appellent Manhattan. Necro ne pense qu'à son groupe de metal. Il rêve de faire sortir Injustice des HLM de Brooklyn pour tourner dans d'autres quartiers de New York. Il se produit déjà dans un petit club, L'Amour, qui accueille des groupes comme Sepultura, Napalm Death ou Obituary. Bill essaie de leur trouver un deal, mais ils sont jeunes et n'ont aucun contact. Necro a pris l'habitude d'écrire ses rimes sur un banc et de les tester immédiatement. Généralement, des gamins rappliquent illico. « Oh, c'est toi le négro qu'on appelle Necro ? Le Juif qui rappe ? Pas mal pour un Blanc. » Des types plus âgés se ramènent et tapent le bœuf avec lui. « Les gonzes venaient m'écouter rapper et ils n'en croyaient pas leurs oreilles. Je pouvais aussi bien parler de la rue que de l'apocalypse imminente ou des films de Dario Argento. Mon *flow* hypnotisait les négros, d'ailleurs j'appelais les types *niggers* parce qu'ils me considéraient comme un négro juif. Personne n'avait de problème avec ça dans mon quartier. » Des flics à vélo passent parfois devant le banc et Necro doit jeter un joint dans les buissons ou cacher sa bière dans un sac de papier brun. Il arrive que des Infesticons viennent zoner dans le coin et l'affaire se règle à coups de rimes, mais Necro a toujours sa machette planquée quelque part dans les fourrés. Il est souvent interrompu dans ses *freestyles* par des coups de feu, des scènes de ménage qui dégénèrent en coups et blessures, des bastons à coups de batte de base-ball et les raids des stups. « Voilà d'où l'inspiration me venait : de la jungle. »

Il a un style, c'est sûr. Et ses obsessions sont différentes de celles des autres rappeurs du quartier : un mélange d'*Orange mécanique*, de Herschell Gordon Lewis et de quelques allusions aux gangsters juifs notoires des années 1940. Sa vision de la femme est aussi influencée par ce qu'il voit au cinéma, en douce, en empruntant les sorties de service, dans The Deuce : John Waters, Russ Meyer. Il aime aussi Dario Argento et les *gialli*, les obscurs navets transalpins, et les films de psycho-killers comme la série des *Vendredi 13*. Il a toujours l'oreille scotchée sur les bandes originales de ces films. « Faut que je retranscrive les visions que j'ai dans la tête. Parce que je pense à quelque chose de très précis. La bande originale du cauchemar d'un Juif des HLM de Brooklyn avec des samples de la musique du film *Maniac* de William Lustig, sorti dix ans plus tôt. Jay Chattaway a réalisé un boulot incroyable sur le *score* de ce film. Il travaillait sans séquenceur ni logiciel de type Midi, et modifiait la vitesse des machines à bandes pour obtenir des sonorités distordues et dérangeantes. » Necro adore aussi le personnage de Frank Zito incarné par Joe Spinell, le tueur du film. Le personnage de Zito était lui-même inspiré d'un véritable tueur en série des années 1950, Ed Gein, fils névrosé et efféminé d'une mère luthérienne fondamentaliste qui considérait les femmes comme des « récipients à péchés ». À la mort de sa mère, Gein avait commencé à déterrer des cadavres et à confectionner des objets en peau humaine. Il est arrêté pour le meurtre de Bernice Worden et de Mary Hogan, dont les corps furent retrouvés décapités et éviscérés. Gein confectionnait des draps, des masques, des couvertures, des gants, des rideaux et des abat-jours en peau. Necro s'intéresse très vite à ce personnage, qui symbolisera quelques années plus tard son style : l'horrorcore, une fusion de rap hardcore et d'influences du cinéma bis et gore. Ed Gein est une figure culte chez les gonzes du metal comme celle de Tony Montana l'est dans le monde du hip-hop. Necro s'est pris une claque en matant le film de Brian de Palma sorti en 1983 avec Al Pacino dans le rôle du réfugié cubain balafré qui revendique être proprio du monde. *The World Is Yours.* Une pub de la compagnie aérienne Pan Am incrustée dans le panneau d'un ballon dirigeable donne à Tony la certitude que le monde (en l'occurrence le Miami vicieux et narcotique des années 1980) lui appartient, en pleine guerre des *cocaine cowboys*. Necro n'hésite pas à faire la synthèse d'Ed Gein et de Tony. Les deux sont des tueurs en série d'un genre différent.

La fumée des Phillie Blunt a envahi l'appartement, le moment est venu de s'offrir les cadeaux de Noël. Ils ne sont pas déposés sous le sapin, comme chez tout le monde, mais sur la table en Formica de la cuisine : une dose d'héroïne récemment mise sur le marché pour Howie, c'est Bill qui l'a topée à Washington Heights. Il a aussi offert une paire de Puma Clyde vert bouteille à Necro qui, lui, de son côté a dévalisé une boutique de vinyles et distribue des Maxi 45 tours.

« 1989 a été une année pas mal pour le hip-hop, lâche Necro. J'avais 13 ans et j'étais catalogué comme hyperactif. Par contre, je pouvais écouter des disques d'un bout à l'autre. » Necro n'est pas passé à côté de *Paul's Boutique* des Beasties Boys et son utilisation intelligente du sampling en fait un skeud incontournable de 1989. « Mais attention, je n'étais pas un fan *die-hard* des Beastie Boys parce que, tu vois, je n'aime que la musique qui donne envie de découper des gens en morceaux, sûrement les trucs qu'écoutent les Zetas des cartels mexicains avant de décapiter des rivaux. » Sauf que les *sicarios* arrachent les membres de leurs victimes en écoutant du narcocorrido, littéralement « ballade de la drogue », sous-genre de ce qu'on appelle du norteño-corrido, du folk du nord du Mexique. De la polka de tueurs sadiques et sniffeurs de cocaïne.

L'année 1989, c'est aussi la sortie de *Road to the Riches* de Kool G Rap and DJ Polo. Ça, c'est ce qu'on appelle de la *murder music* : de la musique pour descendre des gonzes empilés dans la cage d'escalier d'un HLM de Coney Island. *It's a Big Daddy Thing* du rappeur de Brooklyn Big Daddy Kane. Necro zappe les morceaux de lover omniprésents sur l'album, mais reste focalisé sur le *flow* unique de Kane. Marley Marl a produit deux morceaux de l'album, le même Marley Marl qui a travaillé avec Kool G Rap. *The Cactus Album* de 3rd Bass, des Juifs de Brooklyn, marrants, à fond dans la culture hip-hop, qui fleurent bon la classe moyenne avec un père dentiste ou avocat. Ice-T et l'album *The Iceberg*, l'un des préférés de Necro, même si Ice-T est de L.A. « Ça, c'est de la musique de *drive by shooting* ! » La musique que les bâtards angelenos écoutent quand ils se mettent à arroser un coin de Crenshaw ou d'Inglewood. En 1989 toujours, il a accroché sur le premier album de The D.O.C. : *No One Can Do It Better*. Écouter ce disque, c'est comme brûler une carte postale de Californie en rechargeant un Glock 9 mm. Les plages sont infestées de gangsters, même les palmiers sont recouverts de graffitis. L'année ne se termine pas si mal que ça, pense Necro en contemplant les lumières de la ville, de l'autre côté du fleuve. Lui et son frère sont encore en vie. Et ils ont la dalle. Joyeux Noël.

FACE B

J.J.

Rikers Island – 1990

J.J. vient de passer son premier réveillon du Nouvel An à Rikers. Coincée entre le Bronx et le Queens, la prison sort tout droit du cauchemar concentrationnaire d'un vieux juge paranoïaque. Elle est implantée sur une île de 2 kilomètres de long sur 1,3 kilomètre de large. Difficile de s'évader à moins d'être un bon nageur prêt à parcourir le bras de mer de 470 mètres qui sépare la prison du Bronx. De l'autre côté, un pont relie le complexe au *borough* du Queens, pompeusement appelé le Francis R. Buono Memorial Bridge, mais les matons et les détenus l'appellent le Rikers Island Bridge, le pont de la prison. On dit aussi le Bridge of Pain – pont de la douleur. Dans les années 1940, un détenu de 33 ans, Walter Zell, est le premier à s'enfuir du complexe en nageant dans les eaux glaciales vers l'île voisine North Brother. Un autre prisonnier, Joseph Grimm, tente une évasion similaire quelques années plus tard et finit probablement dans les eaux boueuses de l'East River. Rikers Island. Le voyageur qui amorce sa descente sur l'aéroport national LaGuardia peut apercevoir les barbelés qui entourent le complexe, étincelants et lugubres comme des lames de rasoir dans l'éclat d'un rayon de soleil.

L'île est d'abord utilisée comme gare de triage et centre de rétention pour les milliers d'immigrants qui affluent à Ellis Island à la fin du XIXe siècle. Le centre de Blackwell (qu'on connaît aujourd'hui sous le nom de Roosevelt Island) était trop petit pour contenir le flot des nouveaux arrivants. C'est bien des années plus tard, en 1932, que Rikers devient une prison dans le sens strict du terme. Transformer l'île en prison a été un cauchemar urbanistique et architectural. L'île est trop enfoncée dans la mer et il faut vingt années entachées de sang, de larmes et de sueur pour dégager la prison de son carcan insulaire. Le sang, les larmes et la sueur furent bien sûr ceux des prisonniers. Ces derniers travaillent d'arrache-pied dans les marécages et les eaux boueuses. Les odeurs fétides se propagent dans les arrondissements voisins, Brooklyn et le Queens, jusqu'à Manhattan. L'odeur nauséabonde constitue une implacable métaphore olfactive de la corruption pénitentiaire et administrative.

Après la Seconde Guerre mondiale, New York change de physionomie et Rikers implose. Les Portoricains et les Noirs du Sud s'entassent dans les pires coins de la ville et cherchent tous du boulot parmi les *blue-collar*, ouvriers du bâtiment et de la sidérurgie. Des tensions apparaissent entre les Noirs, les Portoricains et les ouvriers blancs qui voient d'un mauvais œil cette main-d'œuvre solide, affamée et bon marché. Ceux qui ne trouvent pas de travail se tournent vers les seules organisations qui embauchent : les gangs. L'héroïne a la même couleur que le ciel de New York, une tonalité de gris sale. Elle inonde les rues. Pour beaucoup d'accros, de paumés, de petits dealers, le crash final a lieu dans la cour de Rikers Island, le *Ground Zero* d'une génération dont les rêves d'abondance américaine se sont brisés contre le bitume inhospitalier du ghetto. Rikers devient la prison de Babel, la centrale concentrationnaire du melting-pot. 2 500 détenus au milieu des années 1930 pour 6 500 en 1968, année de l'assassinat de Martin Luther King et des émeutes urbaines dans toutes les grandes villes américaines. La même année, quatre-vingts taulards blancs, armés de manches à balai affûtés comme des lames et de rasoirs, attaquent six prisonniers noirs, dont la star de base-ball de l'équipe de Rikers, Theodore Cumming. Les six taulards afro-américains ont violé une des règles tacites de la territorialité de Rikers en pénétrant dans des zones réservées aux Blancs et contrôlées par l'Aryan Brotherhood – la Fraternité aryenne –, un gang fondé en 1964 dans la prison californienne de San Quentin qui se répand ensuite dans tout l'organisme carcéral comme un cancer. Toutes les tensions sociales et raciales qui agitent les quartiers new-yorkais trouvent dans la prison de Rikers une insupportable caisse de résonance.

Au milieu des années 1970, New York est au bord de la faillite budgétaire et Rikers subit de plein fouet la récession municipale. La Legal Aid Society attaque l'administration de Rikers pour conditions de détention dégradantes portant atteinte à la dignité humaine. Les sanitaires sont dignes de la prison turque de *Midnight Express*, les cellules sales, mal aérées et surpeuplées. Les prisonniers ne peuvent même plus recevoir la visite de leurs familles, copines et même avocats. Ils sont coupés du monde, pas seulement par un bras de mer, mais par les décisions arbitraires d'une administration carcérale qui n'en a plus rien à foutre. Les détenus n'en peuvent plus, l'automne 1975 est celui du mécontentement et une mutinerie éclate, doublée d'une prise d'otages. Cinq matons sont séquestrés dans l'infirmerie. Après dix-sept heures d'âpres négociations, les gardiens sont libérés. Le sang assermenté n'a pas coulé. L'administration accepte les doléances des taulards et les parloirs sont de nouveau autorisés. Mais les gardiens l'ont mauvaise. 1 800 détenus ont participé à la mutinerie et la justice leur a tous accordé l'immunité.

Le maire Ed Koch a promis d'améliorer les conditions de vie des prisonniers, mais les années 1980 demeurent des années où les New-Yorkais nés du bon côté de la rive se foutent des conditions de vie en prison. Les traders et les *golden boys* inventent une mythologie faite de billets de 20 dollars poudrés de cocaïne. Pendant ce temps, les taulards de Rikers baignent dans leur propre jus. On approche dangereusement des 21 000 prisonniers. S'il y a un mot que le taulard de base de Rikers n'a pas besoin de chercher dans le dictionnaire, c'est bien « promiscuité ». Les autorités carcérales décident de parquer le trop-plein de détenus sur des bateaux-prisons, notamment un navire de 350 lits offert par la Grande-Bretagne après la guerre des Malouines de 1982. C'est la prison flottante qu'on appelle « The Barge », une annexe de Rikers.

Au début des années 1990, les autorités de Rikers mettent en place une unité de sécurité maximale, la Central Punitive Segregation Unit (CPSU), alias « The Bing », un quartier d'isolement où l'on regroupe les criminels les plus dangereux. Dans le livre de Jennifer Wynn, *Inside Rikers : Stories from the World's Largest Penal Colony*, un gradé décrit cette unité comme « une jungle contrôlée par les détenus », théâtre d'affrontements sanglants entre gangs rivaux et gardiens. *La Colonie pénitentiaire* de Kafka ressemble à un parc d'attractions géré par la dynastie Disney à côté de cet enfer insulaire. Les gardiens essaient de reprendre le contrôle de la CPSU en appliquant la loi du talion. Œil pour œil, dent pour dent. Chaque détenu récalcitrant est matraqué et souvent tabassé à coups de poing et de pied. Certains médias s'intéressent enfin à ce qui se passe à l'intérieur du « Bing ». Les taulards de la CPSU sont miraculeusement relogés dans un bâtiment répondant aux normes de salubrité en vigueur dans l'État de New York, et les gardes portés sur la matraque mutés dans d'autres secteurs. Les taulards à la main verte peuvent même postuler à un programme d'horticulture, le Greenhouse Program, proposé par la Société d'horticulture de New York. Du sparadrap sur une jambe de bois.

C'est dans ce contexte qu'arrive J.J. dans l'unité pour femmes. Le premier jour est le pire. « C'était horrible. J'avais mes règles et aucune de ces salopes ne voulait me filer une serviette hygiénique. Les gardiennes ricanaient et j'ai attendu toute la journée dans un bureau froid et humide avant que l'on m'assigne une cellule et un Tampax. »

Dix mètres carrés pour trois détenues, c'est ce qu'on appelle la promiscuité douloureuse. Les « colocs » s'appellent Maria, une Portoricaine affiliée aux Ñetas, et Cathy, une Afro-Américaine schizophrène de Washington Heights. Quand Maria, elle aussi originaire de Corona, demande à J.J. d'où elle vient, cette dernière se dit qu'elle est bien dans la merde. Pour l'instant, l'uniforme orange cache le tatouage des Cee Jay, mais elle ne pourra pas le garder éternellement.

Maria est une Hispano à grande gueule et baraquée, couverte de tatouages à la gloire des Ñetas. Le problème pour J.J., c'est que les Ñetas et les Latin Kings du Queens marchent parfois main dans la main, au gré des alliances, protections, fluctuations du marché de la drogue. Les Ñetas sont un ramassis de fous furieux que le gouvernement de Porto Rico a libérés des prisons de San Juan pour les refiler à l'Oncle Sam. Les autorités de l'île avaient tiré la chasse comme Castro avec les Marielitos. Le gang s'appelait à l'origine l'Association Ñeta. Il a été fondé par un gonze appelé Carlos Torres Iriarte, alias la Sombra, l'Ombre. Ils apprécient le folklore *dark* de prison, leurs leaders sont souvent comparés à des tarentules, des faucheuses, des cavaliers de la nuit, des justiciers à la main vengeresse. Lorsque Iriarte se fait liquider par un gang rival, les représailles ne se font pas attendre très longtemps : les Ñetas passent des journées à aiguiser des manches de cuillères contre les murs des cellules. Le leader du gang ennemi se fait poignarder à plus de 150 reprises et son corps est découpé en quatre-vingt-quatre morceaux. Le trip de n'importe quel médecin légiste. Maria frime en racontant cette anecdote, histoire de faire comprendre à J.J. que ce sont les Ñetas qui contrôlent Rikers.

Quant à l'autre meuf, Cathy, elle est folle à lier. Elle prétend être Jackie Kennedy. Rien que ça. Une Black du ghetto de Washington Heights qui se prend pour l'ancienne meuf de Kennedy ! Les psys sont persuadés que Cathy simule. J.J. apprendra plus tard que l'unité psychiatrique de Rikers croule sous les demandes et affiche plus complet qu'un concert gratuit des Beatles à Central Park. C'est le coup classique : les taulards essaient de se faire passer pour dingues, comme ça : « tu passes ta journée au lit à planer grâce aux cachets et ils servent du sirop d'érable au petit déjeuner », explique Maria qui y a fait un séjour rapide pour « dépression aiguë » et il est d'abord difficile pour les psys de faire la différence entre des taulards allumés psychiquement chaotiques et les petits malins qui la jouent Randle McMurphy parce qu'ils ont vu le film *Vol au-dessus d'un nid de coucou* à la télé un vendredi soir. Ils font le coup de l'œil dément, genre : « Merde, on vient juste de me lobotomiser, mais j'ai encore le barreau, enfoirés ! »

Au bout de deux jours, J.J. n'en peut plus des crises de Cathy et des questions pressantes de Maria. « T'es d'où, de Corona ? Pourquoi t'es tombée ? Qui t'a tiré dessus ? T'es vraiment juive ? » J.J. n'a pas encore eu le droit de sortir dans la cour de promenade. Tant mieux, parce que pour le moment, c'est risqué. Des filles affiliées aux Latin Kings l'attendent de pied ferme. Le troisième jour, sous les douches, se produit le moment de vérité. J.J. a des règles abondantes et toute la flotte se teinte de rouge, sur le carrelage dégueulasse. Deux *mamacitas*, Latin Kings jusqu'aux tétons, montrent J.J. du doigt.

« Hé, ça se la joue gangsta feuj… »

Les deux filles sont tatouées sur le cul, les seins, le dos, chute de reins comprise.

« Tu serais pas la pétasse qu'a foutu la merde à Corona avec sa petite clique de gouines juives ? Cee Jay, vous avez tagué cette merde dans tout mon quartier. »

Le ton monte. S'il faut en venir aux mains, c'est maintenant.

« C'est le genre de moment où tu sais que tu ne peux pas reculer. La concentration au mètre carré de gouines gangsters dans la douche est si importante que tu peux même lire l'avenir dans les vergetures. C'est étouffant. Asphyxiant. Ce jour-là, j'ai compris que tout le délire autour des Cee Jay, c'était pas un jeu d'enfant, c'était quelque chose que je devais assumer jusqu'au bout, ce qui signifie souvent la mort quand tu te retrouves à Rikers au début des années 1990. Mes copines du gang étaient divisées au moment de mon arrestation. Certaines voulaient arrêter avant qu'il ne soit trop tard. D'autres, elles étaient cinq, voulaient continuer, quoi qu'il arrive. J'étais isolée à Rikers. Je n'ai même pas pu assister aux funérailles de mon père. Tout le monde s'attendait à ce que je me suicide. Ça les aurait arrangés. Ce jour-là, sous les douches, j'avais mes règles. Ça coulait dru. Les deux Latin Kings ont sorti des brosses à dents transformées en rasoirs de leurs foufounes, j'avais jamais vu ça. J'ai alors commencé à hurler en me tenant le ventre et je me suis assise contre le mur sale des douches. Les gardiennes sont arrivées quelques secondes après et ont cru que je m'étais fait poignarder, avec tout le sang des règles qui coulait sur le carrelage. Le temps que les gardiennes comprennent ce qui s'était passé, les deux filles Latin Kings avaient déjà fait disparaître les surins. On m'a collée en isolement pendant une semaine. Je n'ai pas dit un mot sur la tentative d'agression dont j'avais été l'objet. J'avais appris ça dans la rue. Le code de la rue, tu vis avec, tu meurs avec. Je savais aussi que ça n'allait pas s'arrêter là. Que je devais être sur mes gardes. »

À la sortie de l'isolement, J.J. réintègre sa cellule et Maria ne lui parle pas. Cathy pique toujours des crises de schizophrénie aiguës et il n'y a toujours pas de place à l'infirmerie psychiatrique. Dans la cour, toutes les filles parlent de la nouvelle. « Une gangsta juive de Corona. Elle a fondé le gang des Cee Jay. Mais c'est quoi ce gang ? » Les filles demandent : « Est-ce qu'elle a un nom ? » Avoir un nom dans la rue, en 1990, c'est être un gros dealer qui roule en Benz ou un membre de gang qui n'hésite pas à écrire son nom loin de sa base, dans des quartiers reculés, voire hostiles. J.J. a un nom. Le tag Cee Jay a été vu un peu partout dans les cinq *boroughs* de la ville. Une longue traînée acrylique qui part du Queens et qui remonte jusqu'au Bronx, en éclaboussant Brooklyn et Manhattan, pour mourir comme une vague polluée sur les rivages de Staten Island. Dehors son *crew* est vraiment actif. Cinq filles qui défendent le nom et les couleurs. Depuis que J.J. fait son temps à Rikers, Viper est la chef par intérim. Les Cee Jay ont besoin de fric pour vivre, Viper monte un petit business d'herbe et vend essentiellement aux gamins qui sortent des lycées juifs ou pendant les bar-mitzvah. « Elles ont commencé à m'envoyer du fric pour cantiner, explique J.J., parce que la nourriture à Rikers, même des chiens n'en auraient pas voulu. Ils foutaient des produits chimiques dans la bouffe pour faire chuter la libido des filles. Ça me remontait le moral de savoir que le gang se portait bien à l'extérieur. » Mais visiblement le produit répandu dans la nourriture n'a pas les mêmes effets sur toutes les femmes. Maria essaie de maquer J.J., d'en faire sa « petite salope casher », et J.J. l'esquive pour ne pas avoir à provoquer un conflit. Elle évite les douches du mercredi parce que les Latin Kings sont en embuscade. Elle pue. Maria s'en plaint. J.J. retourne à la douche, persuadée que c'est son dernier jour sur terre. Mais pas de Latin Kings dans les parages. Au retour des douches, Maria plaque J.J. contre le mur et lui met la main à la culotte, tout en essayant d'introduire sa langue dans sa bouche. C'est à ce moment que Cathy chope Maria par les cheveux et lui fracasse le nez contre le petit miroir, qu'une gardienne corrompue a bien voulu tolérer. Cathy attrape un morceau de miroir et poignarde Maria au niveau des fesses et des hanches. Il y a du sang partout. Quatre gardiennes débarquent et frappent Cathy à coups de matraque, mais elle ne sent rien. Elle se relève à chaque fois, un rictus dément lui barrant le visage. Les gardiennes la foudroient au taser. Deux infirmiers se pointent et évacuent Maria qui saigne comme un goret qu'on vient d'égorger. J.J. est conduite dans le bureau du directeur où deux flics l'interrogent. « Cathy est psychotique. Ils le savent tous ici. Ils n'ont rien fait. Il ne s'agit pas d'un truc de gangs. » Le directeur fait la grimace. Tout le monde ici est au courant pour les problèmes psychiatriques de Cathy. Le directeur a sans doute insidieusement aiguillé les deux flics de la brigade des homicides du Queens sur une fausse piste. Maria survit à ses blessures. Cathy passe du temps en isolement avant de subir un traitement par électrochocs. Électroconvulsivothérapie. Dans les douches, toutes les filles matent les vilaines cicatrices de Maria. Blessures de guerre, c'est ce qu'elle dira quand elle rentrera au quartier.

J.J. doit tirer dix mois et la jouer *low profile*. Sinon, elle pourrait moisir à Rikers. Combien de fois elle a entendu ces histoires où des détenues arrivaient en prison avec un an à tirer et n'en ressortaient que dix ans plus tard, parce qu'elles avaient été impliquées dans des émeutes, des meurtres ou de violentes agressions commises en réunion. La cellule est bien plus vivable sans la présence de Cathy et, depuis son agression, Maria est plus cool avec J.J. Les règles de la rue ne s'appliquent pas en prison. Même si les groupes se créent sur des affinités ethniques ou territoriales, des alliances inattendues se forment.

Le directeur propose à J.J. d'intégrer l'atelier de couture. Après tout, une jeune fille juive comme elle n'a pas à passer son temps dans sa cellule sans rien faire de constructif. J.J. accepte, mais laisse tomber au bout d'une semaine. « C'était de l'esclavage moderne, ce truc. Pire qu'un *sweatshop*. J'y suis restée une semaine et j'ai laissé tomber. Ensuite, on m'a proposé un job pour une compagnie aérienne. Aussi bizarre que cela puisse paraître, quand tu achetais un billet par téléphone, tu dealais directement avec une taularde, sauf que le client ne le savait pas. Les prisons sous-traitent énormément pour des grosses compagnies. J'étais payée des cacahuètes, mais c'était toujours mieux que de glander dans ma cellule. »

Quand J.J. n'est pas à la mine, elle ne peut pas s'empêcher d'ouvrir sa grande gueule, à sa façon : « À Rikers, je me suis fait tatouer "Dutch Schultz Bitch" sur le dos. Dutch Shultz, c'est un gangster juif notoire. Une légende. Il y avait un groupe de Blanches qui se la jouaient aryennes dans la cour, et quelques-unes d'entre elles s'étaient fait tatouer des svastikas. Elles répétaient sans cesse qu'elles détestaient les Noirs et les Hispaniques, mais ça ne les empêchait pas de monter un deal d'herbe ensemble. On est en Amérique : Noir, Blanc, la seule couleur qui compte, c'est le vert. Celui des billets. Il y avait cette fille, Janet, une putain de *white trash*, de raclure blanche, qui avait grandi dans le nord du Bronx. Elle se pointait au réfectoire avec *Mein Kampf* bien en évidence sur la table et me jetait des regards mauvais. Moi, je ne pensais qu'à tirer ces dix mois sans m'attirer d'ennuis. Mais cette fille, comment dire, elle me menait la vie dure. Un jour, je me suis pointée à la cantine en soutif. "Dutch Schultz" sur le dos, en lettrage gothique. Avant que la gardienne ne se jette sur moi et me ramène au mitard, les nazillonnes avaient eu le temps de se rencarder. J'ai pris une semaine à l'isolement et quand je suis sortie, Janet avait mis un contrat sur ma tête. »

Entre-temps, Viper prend deux ans pour agression à main armée et se retrouve à Rikers. Les Cee Jay sont *in the house*. Viper est devenue une vraie teigne, marquée par la vie de rue, couverte de cicatrices (chaînes de vélo, cutter, hache, poings, pieds, couteaux), et tape comme un mec. Tatouée de la tête aux pieds. Deux ans pour avoir salement bousillé la gueule d'un Latin King qui avait essayé de violer Kristina, une Cee Jay. Quand les deux copines se retrouvent dans la cour, elles sont prises entre le marteau nazi et l'enclume royale latine. Un mardi matin se déroule une baston épique, qui restera dans les annales de Rikers. Janet teste Viper avec plus d'une trentaine d'Aryennes. Toutes les filles ne sont pas des pasionarias de la cause hitlérienne. La plupart d'entre elles cherchent une protection ou ne se sentent pas à l'aise parmi les détenues noires ou portoricaines. Viper attrape Janet par les cheveux et la marave. Toutes les filles lui tombent dessus, même les couardes. J.J. est au boulot à ce moment-là, à vendre des billets d'avion. Elle entend les coups de sifflet de la gardienne puis la sirène retentit. Des témoins de la scène affirment que Viper s'est bien battue avant de se rouler en position fœtale, protégeant sa tête et son ventre. Elle a cassé plus d'une vingtaine de bouches. Comme si elle avait attendu ce moment depuis des mois. Tous les réflexes de survie et l’agressivité accumulés dans la rue ont explosé dans la cour. Janet est salement amochée et le toubib lui applique une quarantaine de points de suture. Une bagarre homérique, disent les gardiennes, qui font durer un peu le spectacle avant de tirer trois salves de sommation. Les prisonnières plongent par terre et attendent qu’une balle vienne leur faire un deuxième trou du cul. L’indice de respect dont jouit Viper à Rikers à sa sortie du mitard grimpe comme le taux de chômage de la communauté noire de New York à la fin des années 1980. Les Latin Kings l’évitent. Les Aryennes font profil bas au réfectoire. J.J. se voit attribuer aussi certaines marques de respect par capillarité. Les deux filles échangent leurs points de vue, dans de longues conversations où il est question de l’avenir du gang.

ETHAN HOROWITZ

Queensbridge Houses – 1990

Ethan se fait du fric en vendant des polos, mais il aspire à un style de vie plus conséquent. Sans compter les risques. Le *boosting* devient de plus en plus dangereux. Des Lo-Life se font descendre par les flics ou finissent en prison. Pour l'instant, Ethan ne s'est pas encore fait choper, mais les Lo-Life ont fait évoluer la culture de la sécurité dans les enseignes new-yorkaises et le maire Koch est sur les dents. Big Vic-Lo dit souvent : « Profitez les gars. Volez tant que vous le pouvez parce qu'un jour, dans cette ville, on ne pourra plus pisser contre un mur sans aller en prison. » Troublante prédiction quand on sait que, trois ans plus tard, l'ancien procureur antimafia Rudolph Giuliani revêtira les habits du preux chevalier blanc venu nettoyer les rues de New York. « On ne vole pas pour revendre, on vole pour vivre. C'est un style de vie. » C'est le mantra de Big Vic-Lo, mais Ethan a une autre philosophie. Il aime certes les bagnoles, mais chaque fois qu'il a déverrouillé une portière à l'aide d'un double décimètre en métal, c'était quand même pour l'oseille, le pognon.

Son père le tanne tous les jours. « Je ne veux pas d'un voleur chez moi. » Il est trop vieux pour comprendre la mentalité Lo-Life. « Je ne vois pas en quoi cette association de voleurs est un mouvement. » D'ailleurs, Ethan ne se sent pas appartenir à un mouvement, mais juste à « un gang de plus dans le quartier, mais un gang qui ne passait pas son temps à tirer sur d'autres jeunes ».

Il avait une réputation avant d'aller en prison et elle lui a valu le respect. Personne ne piquait des bagnoles comme lui. Pas seulement en quantité. En qualité. Inventivité. Créativité. Insolence. La sève de la jeunesse qui ne demande qu'à jaillir. Comme le jour où il a forcé la portière d'une Ford Crown Victoria, la voiture préférée des flics de la criminelle. Celle-là, il l'avait piquée juste pour le fun, l'adrénaline, pour prouver à ses *homeboys* qu'il n'avait peur de rien. Les deux flics n'avaient pas terminé leurs donuts et leur café qu'Ethan descendait déjà Queens Boulevard au volant de la Crown Vic. Il avait traversé les cités de Queensbridge lentement, comme s'il était à la recherche d'un block spécifique et qu'il connaissait le quartier. Les lascars, qui tenaient leur carré de bitume et qui d'habitude étaient prêts à tuer pour faire respecter leur titre de propriété, quittaient leurs bancs, jetaient des sachets de dope dans les poubelles, il avait même vu un gonze se débarrasser d'un .22 dans les buissons. Il s'était finalement arrêté dans le coin que l'on appelle The Hill, la petite artère commerçante de Queensbridge, et il était descendu de la bagnole, vêtu d'un jean noir Carhartt et d'un tee-shirt blanc ample, Ray-Ban sur les yeux. Un petit Blanc à la recherche d'un muffin et d'un café dans la douceur du mois de juin, peut-être un flic en civil. En mordant dans son muffin à la cannelle, il avait demandé à un gonze où on pouvait trouver de la bonne weed dans le coin. Le type s'était barré comme si Ethan lui avait annoncé qu'il avait une seringue contaminée au VIH dans sa poche et qu'il allait la lui enfoncer dans le rectum. Il sirotait son café en matant les dealers de l'autre côté de la rue. Leurs regards passaient d'Ethan à la Crown Vic flambant neuve qui puait la flicaille de New York. Il ne manquait plus que la plaque d'immatriculation – *Empire State : We bust you.* État de New York : on t'a serré. Ils avaient finalement envoyé un gamin en bicross prendre la température. Vu qu'il portait des lunettes noires, le gamin essayait de choper un éclat de son regard à travers les verres teintés.

« T'es un narc ? Un stup ? » avait interrogé le gamin comme il aurait demandé à un joueur de base-ball dans quel poste il officiait. *Pitcher ? Slugger ?*

Ethan s'était marré. Le gosse était malin, ça se voyait. Ethan faisait plus que ses 18 ans et le gosse essayait de deviner son âge. Il devait transporter des petites doses de drogue pour les dealers qui tenaient le mur. Il avait 10 ans. Deux ans plus tard, il serait propulsé *clocker*, petit trafiquant bossant au taux horaire.

« Non, je suis pas un stup. Allez, montre un peu plus d'imagination. »

La cité grouillait de dealers, alors c'était le terrain de jeu des stups de New York, et parfois aussi celui des fédéraux, quand certaines affaires viraient fédérales lorsque la dope était transportée d'un État à l'autre.

« Merde. Homocide ? lâche le gamin en gloussant. Les pédales de la brigade criminelle ? Ils roulent tous en Crown Vic. »

Ethan s'était marré aussi.

« Non, pas la criminelle.

— NYPD. New York Pricks and Dicks », glousse le *kid*.

Les connards et les têtes de bites du département de police de la ville de New York.

« Ça y est, je sais, s'exclame le gamin, t'es de l'ATF ! »

Alcohol, Tobacco and Firearms. Les fédéraux qui s'occupent du trafic d'armes à feu.

« Non, j'en ai rien à foutre des *guns*. Je suis de l'IRS. »

Internal Revenue Service. Le fisc.

« Ça fait combien de temps que tes potes ont pas payé leurs impôts ? »

Le sourire du gamin s'était doucement effacé. Il avait pédalé jusqu'à la faille sismique du trafic de crack et informé les *ballers* de la qualité d'agent du fisc du Blanc posté devant l'épicerie. Ethan avait tout de suite senti que la nouvelle avait déstabilisé la demi-douzaine de gus qui faisaient la pluie et le beau temps narcotique dans le quartier. Deux d'entre eux avaient quitté le groupe en marchant vite. Le gamin pédalait de nouveau vers lui.

« Tu cherches qui en particulier ? Tu as des noms ? »

Ethan avait réfléchi un instant.

« Va me chercher un joint.

— Un quoi ?

— Un blunt. De la beuh. »

Le gamin avait écarquillé les yeux comme si Ethan descendait de la planète Mars.

Repédalage vers les *hustlers*. Une sorte de débat s'était engagé. Un type qui faisait trois fois la taille d'Ethan avait soufflé quelque chose à l'oreille du gamin qui avait disparu au coin de la rue. Cinq minutes plus tard, il était de retour avec un gros joint de beuh qu'il avait tendu à Ethan en tremblant. Les types jetaient des coups d'œil nerveux dans tous les sens et Ethan avait compris qu'ils s'attendaient à voir débarquer la cavalerie d'un instant à l'autre. Un déferlement de violence légale, de procédure implacable et de testostérone assermentée. Il sentait que la plaisanterie avait assez duré et qu'il avait intérêt à se casser de la cité fissa avant que les gars réalisent que le mec les menait en bateau et lui fassent un deuxième trou de balle, mais quelque chose le retenait sur ce block. The Hill. Et un truc incroyable s'était produit. Comme le clin d'œil complice d'un dieu farceur. Une voiture de patrouille du NYPD s'approchait lentement de The Hill. Quand elle était arrivée au niveau de l'épicerie, le conducteur et son passager avaient dévisagé Ethan puis jeté des regards appuyés au gamin et enfin à la Crown Vic. Le conducteur avait compris qu'un collègue en civil réglait une affaire à Queensbridge et ne s'était pas arrêté. Ethan lui avait fait un signe de tête discret et le passager avait répondu de la même manière. Les flics et les voyous. Ils le prenaient tous pour un flic. C'était jouissif. Mieux que la beuh, mieux que le sexe. Quand la voiture avait disparu au coin de la rue, Ethan avait allumé le cigare parfumé à la vanille et fourré à la botanique jamaïcaine. Tous les regards étaient braqués sur lui. Il s'était baissé et avait soufflé la fumée dans le visage du gamin, qui n'avait pas bronché.

« Va dire à tes potes que la weed est bonne et que le Trésor américain vous déclare tous non imposables. »

Le gamin avait tiqué.

« Le trésor ? Imposables ? »

Ethan avait pris une longue taffe.

« Dis-leur que les réserves fédérales de l'Oncle Sam sont pleines à craquer et qu'on n'a pas besoin du fric d'honnêtes *blue-collar*, d'honnêtes ouvriers du lumpenprolétariat noir qui gagnent leur argent à la sueur de leur front. »

Le gamin avait de nouveau pédalé vers le groupe, qui avait grossi d'une vingtaine de personnes. Il s'entretenait avec le type au gabarit monstrueux, qui semblait être l'une des têtes de pont du réseau de distribution de drogue dans le complexe de logements sociaux Queensbridge Houses, quatre-vingt-seize tours de brique. Le colosse lui avait fait un signe de la main. Rien d'agressif. Ethan savourait le calumet de la paix. Il avait tiré deux-trois lattes et s'était engouffré dans la Crown Vic, avait activé le gyrophare collé au pare-brise. Bleu et rouge. Puis la sirène.

Woop-Woop ! That's the sound of da police
That's the sound of the beast !
crachait le rappeur KRS-One, du Bronx.

Ethan démarre en trombe sous les regards d'une cinquantaine de personnes, fonce jusqu'au Queensboro Bridge, abandonne la voiture près de la station de métro Queens Plaza et rentre à Brooklyn par le rail. Il passe fumer un joint chez O.J., histoire de faire retomber l'adrénaline. Celui-ci n'en croit pas ses oreilles quand il apprend l'histoire de la bouche même d'Ethan. Une histoire qui voyage dans New York, mais personne ne peut mettre un nom sur le visage d'Ethan. Il a la certitude qu'O.J. emmènera le secret dans sa tombe, avec un Polo Ralph Lauren collector.

ILL BILL & NECRO

Williamsburg – 1990

Bill et Necro écument les petites salles de New York et affrontent des squales lors de battles mémorables. Des Blancs qui s'aventurent loin de leur base, dans l'intestin grêle de la ville, risquent leur vie à cette époque. Ils ne sont jamais armés, à quoi bon sortir un couteau ou un flingue dans des salles minuscules où s'entassent plus d'une centaine de gonzes qui n'en ont rien à foutre de rien. Seuls le pouvoir de la rime et une attitude appropriée leur permettent de se sortir de situations périlleuses.

Toujours provocateur, Necro débarque dans des battles organisées dans des cafés minables de Williamsburg vêtu d'un tee-shirt à l'effigie de Charles Manson. Il aime bien l'idée de « la Famille », le nom de l'espèce de communauté hippie fondée par Manson. La *familia*, le gang. Cette terminologie parle à Necro. La Famille vivait du trafic de drogue et fouillait les poubelles bien fournies laissées par les équipes de tournage de Spahn Ranch, un coin perdu transformé en studio. Manson se présentait lui-même comme un genre de musicien routard, fasciné par les Beatles et antibeatnik. Necro écrit des punchlines à la Manson, des histoires de toboggan en hélice conique dans les fêtes foraines et détourne le son et le sens du *White Album* des Beatles, comme dans la chanson *Piggies* écrite par George Harrison :

You can see them out for dinner
With their piggy wives
Clutching forks and knives to eat their bacon

Les *piggies* symbolisaient les Blancs de l'establishment qui se vautraient dans la boue de l'impérialisme va-t-en-guerre. Necro invente des lignes dans cet esprit « mansonien », propres à choquer un auditoire afro qui n'a pas l'habitude de recevoir en pleine gueule des associations d'idées satanistes. Qui est ce *kid* qui porte une chaîne en or et un polo, et se jette dans la fosse aux lions avec ses rimes poétiquement incorrectes ? « On a tout de suite compris que ce jeunot ne venait pas de Bensonhurst [enclave italienne de Brooklyn, connue pour des ratonnades dans les années 1980]. Déjà il ne planquait pas sa chaîne en or dans la poche de son baggy quand il débarquait dans la fosse. Tu sentais qu'il n'avait pas peur de se faire dépouiller. L'instant d'après, quand il montait sur scène, tu te rendais compte que ce mec avait sûrement dû détrousser des gonzes dans la rue. Et puis il avait ce regard. Glacial. Menaçant », se rappelle Ruckus, un O.G. organisateur de soirées battles à Brooklyn au début des années 1990. « Les battles à l'époque, mon pote, c'était pas le Club Med. Rien à voir aussi avec toutes ces soirées slam où tu vois des bobos et des hipsters, des rappeurs emo se faire la bise avant de monter sur scène. Le public était féroce. Beaucoup de dealers, d'arnaqueurs et de petites frappes se pointaient pour se divertir. Des managers venaient repérer des talents.

Tu ne voyais pas beaucoup de directeurs artistiques de maisons de disques, car ils flippaient à mort de faire tout ce chemin de Manhattan jusqu'à Brooklyn et de se faire dépouiller de leurs Rolex et portefeuilles Gucci. Si tu ne savais pas rapper et que ton *flow* et tes rimes étaient *wack*, c'est-à-dire pourries, tu te faisais dégager de la salle sans ménagement. Les gens huaient, sifflaient, te jetaient des cannettes de bière à la tête. Ça se terminait souvent en bagarre, des coups de feu étaient tirés. Alors, quand tu venais *kicker* – rimer – dans mes battles, t'avais intérêt à avoir un mental de soldat. »

Necro se pointe avec son bagou des égouts de Glenwood et de Farragut, ses rictus à la Bela Lugosi, Boris Karloff et Christopher Lee, trois acteurs de films d'horreur. Ses sujets tournent autour de la nécrophilie, du porno gonzo, du bondage, de l'esclavage sexuel, de la torture et de la profanation. Le public pousse des « Oh » et des « Ah » parce que le gonze choque leurs valeurs et leurs croyances. Ces types passent leur journée à dealer, mais vont quand même allumer un cierge à la *bodega* du quartier, à la mémoire de quelque saint salvateur, pour les protéger du mauvais œil et du châtiment divin. Ils restent bouche bée quand le petit Juif de Brooklyn aligne les axiomes nihilistes, les déclarations agnostiques et proclame être le fruit de l'union sexuelle entre Satan et une pute ukrainienne entrée illégalement dans le pays grâce à des petits voyous russes de Brighton Beach.

La violence des battles n'est malheureusement que le reflet de celle qui dévore les boyaux de la ville. L'épidémie de crack bousille la communauté afro-américaine. Les Noirs et les Latinos pensent que le maire Ed Koch les a laissés sur le carreau. Ils se retrouvent sans emploi ni logement. « C'était vraiment la merde sous Koch, vraiment. Il a laissé la ville couler, lâche Ruckus. Les Noirs avaient la dalle. Toute cette merde démocrate était corrompue. Les Noirs ne croyaient plus au système. Quand Dinkins a remplacé Koch, on pensait que les choses allaient changer parce que c'était le premier maire noir de New York. Je me souviens qu'à cette époque, Necro venait tous les vendredis soir aux battles, dans un entrepôt abandonné de Williamsburg. Puis on a déménagé à Red Hook et il fallait avoir des couilles pour se pointer seul dans le secteur. Necro venait souvent avec son frère, Bill, plus âgé que lui. Je me souviens de ses tee-shirts Charles Manson. Ce négro juif était dingue. Il l'est toujours. »

L'histoire du hip-hop et celle d'Ed Koch se rejoignent par une douce nuit d'avril 1977 quand la ville connaît son deuxième black-out (après celui de 1965), une coupure d'électricité qui plonge la ville dans une obscurité plus lugubre que le canon d'un .357 magnum. Cette mémorable nuit de pillage qui donnera un nouveau son au hip-hop va aussi amorcer un tournant radical dans la politique sécuritaire de la ville. C'est sur ce programme qu'Ed Koch se fera élire six mois plus tard, en promettant l'ordre et la morale aux honnêtes contribuables new-yorkais.

Koch est un petit dur du Bronx, fils d'immigrants juifs polonais, qui a servi des sandwiches au pastrami dans des delicatessens, vendu des chaussures et arraché un diplôme de juriste à la New York University. Il a battu le puissant leader démocrate Carmine DeSapio, relié à la machine corrompue de Tammany Hall. Pour gagner la guerre contre la drogue, il propose d'envoyer les dealers purger leurs peines dans des prisons au milieu du désert. Pour remédier à la surpopulation carcérale à New York, il aménage des prisons flottantes sur l'Hudson. Les immeubles délabrés ? Koch suggère de peindre de fausses fenêtres sur les façades et d'embellir les blocks avec des pots de fleurs. Il a réponse à tout. La politique de Koch est un schlass à double tranchant : elle sacrifie une partie de New York pour éviter une énorme embolie financière avec des coupes budgétaires au sécateur. Les Noirs de Harlem parlent encore du jour où il a décidé de fermer l'hôpital Sydenham pour économiser 9 millions de dollars. Le problème, c'est que beaucoup de toubibs afros licenciés n'ont pas retrouvé de boulot dans les hôpitaux blancs du reste de la ville. Sous son mandat, le sida se propage à la vitesse de la récession et on n'a jamais vu autant de sans-abri dans les rues de New York.

Le cauchemar sécuritaire ne prend pas fin avec l'ère Koch. En 1990, David N. Dinkins, le premier maire noir de New York, promet de trouver une solution pour apaiser la « superbe mosaïque » que représente la métropole. Les Noirs placent leur espoir en Dinkins, mais les émeutes de Crown Heights l'été suivant vont vite les faire déchanter. Les tensions entre juifs hassidiques et loubavitchs, et les Noirs du quartier sont très vives, après qu'un convoi de loubavitchs a percuté deux gamins noirs, Gavin Cato et sa cousine Angela Cato. Le convoi était composé de trois voitures, et transportait le septième rabbin des loubavitchs, Menachel Mendem Schneerson, ce 19 août caniculaire. Le conducteur qui fauche les enfants s'appelle Yosef Lifsh et a probablement perdu le contrôle du véhicule. La rumeur enfle dans le quartier comme une tumeur : Lifsh aurait délibérément percuté les enfants noirs, et l'ambulance privée du Hatzolah – le service d'urgence volontaire de la communauté orthodoxe de Crown Heights – n'aurait pas daigné s'arrêter pour secourir les gamins. Gavin Cato succombe à ses blessures et Angela s'en tire non sans séquelles.

Crown Heights, c'est une petite couronne caribéenne de Brooklyn, forte de 150 000 habitants noirs, et dans laquelle 20 000 Juifs ont trouvé un petit coin de Sion. Pendant les émeutes, le quartier se retrouve à feu et à sang, et les Juifs sont pris pour cible, mais ça n'empêche pas Necro et son frère de se pointer aux battles du quartier. Il brûle encore que les rimes des frangins criblent les barricades des gonzes qui pillent les boutiques et foutent le feu aux bagnoles. « Il y avait des frictions, mais comme partout dans New York, se souvient Necro. Tu n'avais pas intérêt à aller choper de la gonzesse à Bensonhurst si t'étais noir, car les Italiens t'auraient fait bouffer leur batte de base-ball. Pareil à Brighton Beach. Si tu pissais contre un mur tenu par des Ukrainiens ou des Russkoffs débarqués de l'enfer soviétique, et que t'étais noir ou latino, tu morflais. À l'inverse, si un Blanc se pointait à Brownsville en traitant les *brothers* de *niggers*, on lui défonçait sa race. » La vision de la « superbe mosaïque » de David Dinkins en prend un sacré coup. Et puis, à Crown Heights, le problème est différent puisque Juifs et Noirs vivent sur un même territoire alors qu'un Noir de Brownsville doit faire un bout de chemin avant de se retrouver chez les Ritals de Bensonhurst, avec leurs survêtements Fila mauves, leurs débardeurs blancs et leurs médaillons de saint Antoine. « Des *kids* noirs dépouillaient parfois un gamin juif, mais ça s'arrêtait là, lâche Necro. En plus ce sont deux modes de vie complètement opposés.

Les ultra-orthodoxes ne sont pas très ouverts. Même si leurs gamins achetaient en douce de la beuh aux Jamaïcains. Mais après les émeutes de Crown Heights, ça n'a plus jamais été pareil dans le quartier entre Juifs et Noirs. » Mais Necro n'est jamais pris à partie parce qu'il est juif. Il est fringué et parle le *broken english* comme un Noir. « Necro et Bill étaient vraiment considérés comme des psychopathes ! s'exclame Ruckus en riant. Avoir dégommé des Decepticons dans les HLM leur conférait beaucoup de respect et ils avaient cette manière de rapper, de construire des rimes uniques. Et c'était la même chose pour les thématiques. Originales : trash, salaces et gore. Plus gore, tu meurs, mon pote. »

J.J.

LeFrak City – 1990

J.J. n'a plus que six semaines à tirer. Il est temps de réorganiser les Cee Jay. Les filles du gang connaissent un moment de doute et certaines dealent même de l'herbe en solo. Le gang est sur le point d'imploser. « Dix meufs avec des crises identitaires, des poussées d'ego et des règles douloureuses, c'est difficile à gérer », rapporte Viper. Dans la rue, les tensions aussi montent d'un cran, les Cee Jay commencent à faire parler d'elles. « La question que se posaient ces salopes de Latin Kings et de Ñetas était : est-ce que les youpines de Junction Boulevard sont toutes des gouinasses sans couilles ou sont-elles une menace pour l'équilibre des forces à Corona ? » explique Rachel, une ancienne toxico d'Ozone Park qui rejoint les Cee Jay au moment où Viper dirige le gang par intérim. Quand on lui demande pourquoi, elle raconte : « Je fumais du crack et je noyais mon spleen dans l'alcool, et un jour j'ai rencontré Viper. Elle m'a redonné confiance en moi. Ce gang n'a jamais été un gang de filles féministes ou lesbiennes, même si certaines pouvaient l'être. Il est né dans la violence, la colère et le désespoir des écoles publiques du Queens. J'avais moi-même été victime de harcèlement scolaire à Ozone

Park South et je savais ce que ces filles ressentaient. Ça m'a poussée dans les bras hideux et décharnés du crack. Et le gang m'a permis de me reconstruire. »

En 1990, les règles de la rue changent. C'est l'époque du « New Jack », un terme qu'un journaliste[1] a forgé pour définir la course au pouvoir que mènent les dealers dans les rues de New York. Course sanglante qui les pousse à ne plus respecter aucune règle. Les kilos de cocaïne s'abattent sur la ville et la militarisation du ghetto est flagrante. Les gonzes s'arrosent à coups d'Uzi, de TEC-9 et de MAC-10 : des armes de guerre. Les Latin Kings et leurs reines se mettent en tête de s'armer en conséquence. Les petites embrouilles qui se réglaient à coups de poing, de batte de base-ball, de chaîne de vélo se terminent maintenant dans le vacarme assourdissant des détonations. Les Cee Jay se lancent dans le commerce de la weed, puis très vite les filles commencent à vendre le caillou, parce que c'est plus rentable. Pourtant, à cette époque, rares sont celles qui vendent du crack. La cueillette pour les femmes et la chasse pour les hommes, telle semble être la division sexuelle du travail dans les rues sauvages de Corona en 1990. C'est Viper qui amène l'idée, un jour, dans la piaule, alors que le Ghetto-Blaster crache une diatribe psychotique des Ramones, *Psycho Therapy*, sur l'album *Loco Live*. Viper et Rachel adorent cet album. Elles jouent en boucle des morceaux comme *The KKK Took My Baby Away* de Joey Ramone ou encore *Sheena Is a Punk Rocker*. Elles font même du titre *Too Tough to Die*

1. Il s'agit de Barry Michael Cooper qui invente ce terme dans son article « Kids Killing Kids : New Jack City Eats Its Young », paru en 1987 dans *The Village Voice*.

leur credo. « On écoutait les Ramones en boucle parce que c'étaient des putains de bons musiciens et surtout parce que c'étaient des gars de chez nous, des gars du Queens. » Et ce n'étaient pas les seuls : il y avait Simon and Garfunkel ; Wilhelm Reich, le sexologue ; Stan Lee, le créateur de Spiderman, mais pour Viper et Rachel, l'endroit restait avant tout le terrain de jeu des Ramones. « Alors comme ça on va vendre du crack ? s'exclame Rachel. C'est une drogue qui m'a détruite. Pourquoi je vendrais cette merde ? » Viper réfléchit un instant et répond : « Justement parce que tu la connais. Et qu'on a besoin d'argent pour vivre. »

Avant l'incarcération de J.J., les drogues étaient proscrites pour les membres du gang. C'est la gouvernance de Viper qui change les choses. « Elle adorait se défoncer. Cocaïne, crack, weed. Elle a commencé à influencer certaines filles qui s'y sont mises, raconte Rachel. Quand Viper a proposé de restructurer les activités du gang et de faire du deal de crack sa priorité, la moitié des Cee Jay étaient accros. Vendre de la drogue était devenue une option envisageable. Viper était une dure, une vraie de vraie, elle méritait son surnom. Elle est partie à Queensbridge acheter du crack en gros, avec tout le fric qu'on avait gagné en fourguant de la weed. Elle a topé une centaine de capsules de crack. Elle était seule dans la cité, enfin, si on enlève le Smith & Wesson qu'elle planquait dans son sweat-shirt. Elle avait des couilles. Je crois que les mecs de Queensbridge l'ont senti et personne ne l'a dépouillée de son fric. On s'est mises à vendre nos capsules au prix du marché et je pense que nos grands-parents communistes se sont retournés dans leurs tombes collectivisées. En Amérique, Dieu, c'est le marché. C'est la religion du dollar. Parfois je croisais le rabbin de LeFrak qui voulait me faire un sermon. “Nous avons déjà idolâtré le veau d’or, et nous l’avons payé cher.” Cette vieille culpabilité juive. »

Et Viper est tombée. Les filles du gang disent qu’elle a précipité son arrestation, qu’elle voulait rejoindre J.J. à Rikers. La prison est le passage obligé pour un délinquant new-yorkais. Avant qu’elle ne sorte, Viper a expliqué à J.J. l’algèbre du commerce du crack. La suprême mathématique de la dope. « Merde, tu parles comme ces putains de 5 % ! Qu’est-ce qui se passe ? » Les Five Percenters sont une secte millénariste harlémite qui prédit la fin prochaine du capitalisme blanc et la venue d’un prophète noir qui libérera les 85 % de l’humanité noire et métèque opprimée par les 10 % de WASP et d’Européens possesseurs des moyens de production. Derrière le folklore – les hommes s’appellent Gods et les femmes Earths – se cache parfois le trafic de drogue. Viper s’est souvent fournie chez eux. Ça ne les dérange pas de vendre à des Juifs même s’ils pensent que ce sont les Juifs qui contrôlent la planète : la philosophie des Five Percenters, c’est un cocktail de conspirationnisme, d’antisémitisme, de survivalisme et de cosmogonie *cheap* tout droit piquée dans un film de science-fiction des années 1960.

J.J. reprend les rênes du commerce de crack à LeFrak. Le gang vend depuis leur QG sur Horace Harding, un meublé décrépit sur Horace Harding Boulevard, dont le plancher pourri est jonché d’emballages de tampons hygiéniques et de munitions de calibre .22. « On ne refourguait pas dans la rue. C’est le meilleur moyen de se faire arrêter par les flics. » Les toxicos affluent dans la piaule. Des drogués qui ont trop peur de toper leur crack chez des Blacks de Corona. « On était quand même calibrées parce que beaucoup de têtes brûlées dépouillaient les dealers. Il fallait être complètement fou pour oser dépouiller un dealer, petit, gros ou moyen. Il fallait être suicidaire. » Les filles n'amènent jamais personne. Même pas leurs petits amis. « On se tapait des mecs de temps à autre, mais on était complètement indépendantes affectivement et économiquement. C'était pas du féminisme à deux balles. Juste assumer une véritable liberté. Ça arrangeait tout le monde de donner dans l'endogamie. On évitait les risques de se faire balancer par un ex qui avait les boules après une séparation douloureuse. » Et en cas de coup dur, les filles restent soudées. « Un jour Estelle, une mineure, est tombée enceinte. On l'a amenée chez le toubib et il a pratiqué un avortement dans la journée, moyennant quelques billets de 100 dollars. On essayait de ne pas être mises en cloque. On n'aurait pas pu assumer être dans un gang, maman et trafiquante de dope. » Le gang compte alors dix membres, toutes du Queens, aux parcours assez différents. Elles viennent de Corona, Ozone Park, Rego Park, Kew Gardens ou Forest Hills. Les filles de Junction Boulevard reprochent à celles de Forest Hills d'être de « petites Juives riches et dépressives qui ont rejoint le gang juste pour importuner papa ». La vérité, c'est qu'il n'y a pas de Patty Hearst[1] au sein des Cee Jay. Personne n'a l'intention

1. Patricia Hearst est la petite-fille trop gâtée du magnat de la presse William Randolph Hearst, alias Citizen Kane. Héritière et actrice ratée, elle est kidnappée par un groupe terroriste d'extrême gauche, l'Armée de libération symbionaise. Elle trouvera dans cet enlèvement un sens à sa vie puisqu'elle participera aux actions de cette clique, dont des braquages et des fusillades.

de s'encanailler. D'ailleurs il n'est pas si facile d'intégrer le gang. Les filles restent longtemps méfiantes. « La came nous rendait paranos, alors on soupçonnait parfois de nouvelles recrues d'être soit des indics, soit des flics sous couverture. Mais on était rassurées par leur détermination et leur histoire. On n'a jamais brandi l'étendard gang juif, mais les autres cliques nous ont vite collé cette étiquette et les filles juives qui voulaient en être nous ralliaient naturellement. On acceptait aussi les Noires et les Portoricaines, les goys et les Asiatiques. On ne faisait pas de discrimination. Mais pour être définitivement membre du groupe, il fallait pouvoir se battre. On affrontait les Latin Kings et les Ñetas. On se battait contre des mecs et contre des filles. »

Parfois J.J. monte sur le toit d'un immeuble mitoyen pour tirer des coups de .22 sur les étoiles. « Mais pourquoi tu tires sur les étoiles ? » lui demande Rachel. J.J. prend une profonde inspiration. « Je me venge. Je suis née sous une mauvaise étoile. » Elle n'a pas pu assister à l'enterrement de son père, dont la dernière demeure est le Mount Hebron Cemetary sur la voie express Horace Harding. Lorsqu'elle s'y rend après sa sortie de prison, elle a un mal fou à trouver la sépulture de son père. Plus de 180 000 tombes. Après presque une heure d'errance, sous un ciel gris et caverneux, elle se penche au-dessus de la stèle et verse le contenu de sa bière sur le sol. C'est ce que font les gangsters pour rendre hommage à leurs proches disparus. Dans la rue, dès qu'un gangsta décapsule une cannette ou dévisse le bouchon d'une bouteille de bière, de vodka ou de whisky, il en verse une grande rasade sur le bitume. L'alcool féconde les nappes phréatiques, irrigue les plaques et apaise les esprits, ceux qui peuvent tourmenter l'âme des défunts. « *Pour one out* », telle est l'expression. On le fait aussi pour les *homies* incarcérés. Un gardien l'aperçoit et se précipite vers elle.

« Sortez ! On ne fait pas ça ici. » Elle lui explique que c'est la tombe de son père. Lui montre sa carte d'identité, ses tatouages et son bon de sortie de la prison de Rikers Island.

« Respectez le repos des défunts, jeune fille. On ne fait pas ça ici », dit-il en s'éloignant.

180 000 Juifs enterrés dans cette terre du Queens. Très loin de la Terre sainte. Et elle, quand elle mourra, où sera-t-elle enterrée ? À Mount Hebron ? Elle préfère la crémation. Au moins elle n'encombrera pas la terre d'un corps tatoué, putréfié, maudit.

ETHAN HOROWITZ

Starrett City – 1991

Ethan lâche les Lo-Life fin 1990. Il respecte la philosophie et le style de vie des *boosters*, mais n'y trouve plus son compte. Il doit passer à autre chose. Il a 19 ans maintenant et il ne veut pas tirer cinq ans de prison pour vol à l'étalage. Autant retourner voler des bagnoles. Un matin glacial de janvier, son père l'emmène rendre visite à David, son oncle, gravement malade. David vit à Starrett City, à Brooklyn. 5 881 appartements répartis dans quarante-six tours d'un programme fédéral de logements à loyer modéré. Même si ces tours sont géographiquement situées dans East New York (autre section gangrenée de Brooklyn), le paysage est radicalement différent. Des champs herbeux, des criques et des marais. Rien à voir avec l'architecture concentrationnaire de The Ville. Beaucoup d'immigrants juifs, russes ou polonais sont venus poser leurs valises dans ce coin de Brooklyn. L'appartement de David est sombre et spacieux, empeste la naphtaline et la mort. Un jeune gars costaud, Abe, leur ouvre la porte. C'est le fils de la seconde femme de David, Deborah Greenburg. Deborah est morte l'année dernière et Abe continue de s'occuper de David. Le père d'Ethan n'a pas vu son frère depuis dix ans.

Une de ces embrouilles familiales qui remontent à Mathusalem et dont on ne sait plus comment elles ont commencé, comme pour les guerres entre gangs. Ethan et Abe se toisent, se jaugent, déchiffrent leurs langages corporels respectifs. Maintenant c'est une odeur de prison new-yorkaise qui flotte dans la chambre du malade, un vieil homme de 70 ans, maigre, au teint livide, aux yeux vitreux. Aaron ne sait ni où se mettre ni quoi dire. Abe, 25 ans, leur explique que c'est un cancer de la prostate. « Les toubibs m'ont dit que ça ne servait à rien de le garder à l'hosto. Ils ne peuvent plus rien pour lui. » La manière dont s'exprime Abe n'a rien de brutal. Il a visiblement opté pour la case *J'emmerde les euphémismes* et cela plaît à Ethan. Ce type va droit au but. « Il dort ? » demande Aaron. « Non, il est sous morphine », répond le beau-fils. Le spectacle de ce vieil homme mourant casse le moral des Horowitz, père et fils. « Il a échappé aux nazis. C'est un vrai dur, leur dit Abe. Mais là, il affronte la pire pourriture qui soit. Putain de crabe. » D'Auschwitz à Brooklyn. Encore un voyage inoubliable. Le rêve américain contre le cauchemar aryen. Abe leur montre un album photo épais comme un annuaire téléphonique. Aaron tourne les pages lentement. L'innocence de l'enfance en Pologne. Les premiers émois de l'adolescence. Un beau gosse, ce David Horowitz. Et puis le bruit des bottes. Les chemises brunes et les étoiles jaunes. Les SS. Les camps. « Pourquoi vous l'avez rayé de votre vie ? » demande Abe à Aaron. Le père d'Ethan s'écroule sur un fauteuil. « Parce que la vérité est plus moche que tu ne le crois, fils. Mon frère était un collabo. Il s'occupait de ramener les cadavres à la salle de dissection à Auschwitz, moyennant des conditions de vie plus confortables. Il n'a pas survécu : on l'a laissé vivre. » Abe frappe le mur avec son poing. « Vous êtes venu ici pour salir sa mémoire ? » Ethan n'a pas souvent entendu parler de cet oncle. Du moins pas de la bouche de son père. Abe aime David. Ça se sent. La nouvelle lui a mis un coup. Une droite de Foreman dans la tempe d'Ali.

« Il faut que vous lui parliez. Que vous lui pardonniez. Il ne peut pas partir comme ça, lâche Abe.

— Il doit d'abord se pardonner à lui-même », réplique Aaron.

L'appartement devient étouffant. L'odeur de la mort et de chairs juives disséquées se répand dans les circuits psychiques d'Ethan qui n'a qu'une envie : fuir.

Abe regarde Ethan et Aaron : « Vous auriez fait quoi vous à sa place ? J'ai tiré quatre ans dans le nord de l'État et j'ai vu de vrais durs sucer des bites. Parce qu'ils n'avaient pas le choix. Parce que c'était la jungle. On a tous fait de la taule ici, non ? »

Les ex-taulards possèdent de petites antennes pour se repérer entre eux. Et la petite antenne d'Abe vibre. Celle d'Ethan a déjà vibré au moment même où Abe leur ouvrait la porte. Quant à Aaron, cela fait trop longtemps qu'il a quitté le « ventre de la bête ». Abe dépose un petit monticule de beuh phosphorescente et particulièrement collante sur la table basse. « Vous inquiétez pas, j'ai plus l'âge de toper de la marijuana passée à la laque. Vous pouvez croquer les têtes aussi : pas de microbilles pour donner du volume à la marchandise. » Le trio fume silencieusement pendant un long moment. L'odeur lourde et musquée de la weed masque celle de la mort, du moins pour un moment. Ils ont besoin de se détendre. Aaron se lève et va rejoindre son frère dans la chambre qui ressemble à une chambre mortuaire.

« Alors, comme ça, c'est toi ce putain de voleur de bagnoles ? s'exclame Abe, impressionné, et c'est un gonze assez peu impressionnable en temps normal.

— Et toi, tu fais quoi ? demande Ethan.

— Moi ? Je braque des dealers. »

Ethan inspire un grand coup : « Abe était un Juif de White Plains, dans le Bronx, loin de sa base ici à Brooklyn. Il avait monté un petit groupe de braqueurs. Leur nom, The Wild Bunch – la Horde sauvage. Il s'était inspiré du groupe de criminels du même nom, formé par Butch Cassidy. Abe avait gardé les mêmes surnoms. Lui se faisait appeler Cassidy, Reuben était Kid Curry, Joel était Elzy Lay. Il n'en manquait qu'un. Est-ce que j'avais envie d'être Sundance Kid ? Les types se faisaient pas mal d'oseille. J'ai réfléchi un long moment pendant que mon père se réconciliait avec mon oncle sur son lit de mort. Cette Horde sauvage juive ne faisait pas dans la dentelle. Des malades. Des fous furieux. Des types qui n'avaient peur de rien. Je suis revenu le lendemain dans cet appartement qui puait le tombeau et je suis tombé sur la clique, la Horde sauvage dans toute sa splendeur et sa jeunesse arrogante. Contrairement aux Lo-Life ou aux autres voyous que j'avais pu croiser dans les rues de Brooklyn, ceux-là n'affichaient aucun signe ostentatoire de fausse richesse, syndrome très répandu là d'où je viens. Ils ne portaient ni or, ni bijoux, ni fringues de créateurs. Juste des vêtements sombres de travailleurs de la marque Carhartt. Et pendant que mon oncle perdait son énergie vitale seconde après seconde, nous étions déjà en train de préparer le prochain coup. Le prochain coup ? Vous devez vous demander comment j'ai pu avoir leur confiance aussi vite. J'avais celle d'Abe. L'homme qui l'avait élevé mourait lentement dans la chambre d'à côté, et cet homme était de la famille, même si je le connaissais très peu. Et puis la clique avait entendu parler de mes états de service. Le vol de voitures, Rikers, l'aventure Lo-Life. Le prochain coup ? Il ne s'agissait pas de piquer des caisses dans l'État jardin ni d'opérer une razzia sur le corner Ralph Lauren de chez Lord & Taylor. Je n'avais pas besoin de flingue sur ces coups-là. Alors que cette fois j'allais être confronté à une tout autre logistique. Les dealers vendent de la drogue pour gagner leur vie. C'est l'alpha et l'oméga de l'économie parallèle. Ils se font un max de fric, mais ne peuvent pas aller démarcher un assureur pour lui dire : "Est-ce que tu peux protéger l'argent du crack ?" Pareil pour les banquiers. À part ceux de Miami qui blanchissent le fric des *cocaine cowboys*, vous ne trouvez personne à New York pour assurer le fric d'un *big timer*, un gros bonnet. Si malins que soient ces mecs, ils se baladent tous avec des sommes énormes sur eux et vont les cacher dans une planque à quelques blocks de la cité. Voilà pour le maillon faible. 200 000 dollars dans un sac de gym et le type continue à aller toucher son chèque des allocs et des *food stamps* pour ne pas éveiller les soupçons.

« La Horde sauvage. Butch, Kid Curry et Elzy Lay n'étaient pas des allumés de la gâchette, mais défouraillaient quand cela s'avérait nécessaire. Surtout, ils n'avaient peur de rien. Ils se rencardaient sur les dealers des cinq *boroughs* de la ville. Ils allaient partout, des trous à rats du Bronx jusqu'aux cités cramées de Stapleton à Staten Island en passant par les coupe-gorges du Queens, de Harlem et de Brooklyn. Mon oncle crevait à petit feu, mais un nouveau plan de braquage voyait le jour. Maya Lansky allait devenir Sundance Kid. Mon nouvel uniforme : la parka, la chemise et le jean du maçon américain. Des vêtements chauds pour les raids hivernaux. Et le port de la cagoule s'imposerait même au cœur des étés caniculaires. Mon outil de travail : mon *street smart*, une intelligence de la rue maintenue en éveil au cours de toutes ces années, et un pistolet mitrailleur Uzi. Abe Cassidy nous disait que plus gros était le flingue, moins on aurait à l'utiliser. Quel *big timer* serait impressionné par un braqueur armé d'un calibre .22 ? Autant se pointer à un meeting de survivalistes chrétiens fervents supporters de la National Rifle Association avec un pistolet à plomb. »

Ethan Sundance Kid Horowitz doit surveiller Rusty Gunz, un dealer de Far Rockaway. Il opère dans les Edgemere Houses, une cité craignos sur la péninsule atlantique. Une vingtaine de *clockers* bossent pour lui. Ils entreposent le fric dans une ancienne boulangerie industrielle désaffectée, une vieille bâtisse qui avait été incendiée pour toucher le fric des assurances. Elle est gardée en permanence par deux gorilles lourdement armés. Tous les quinze jours, Rusty vient récupérer le fric net d'impôt. Un majeur tendu dans le fondement de l'IRS, le Trésor américain. Le boulot d'Ethan est de surveiller la boulangerie, depuis un poste où personne ne peut le voir. Il fait un froid de canard ce matin de janvier. Ethan est tout de noir vêtu. Il conduit une Buick genre agent d'assurances, pas m'as-tu-vu ou voiture de flic, la caisse idéale pour se fondre dans le paysage new-yorkais. « Alors que j'observais le manège des *clockers* d'Edgemere, un truc que j'avais vu mille fois chez moi à Brownsville, voilà qu'arrive une espèce de surfeur qui ressemble au Christ, portant une combinaison de plongée et une planche. Il fait 3 °C à tout casser. Et ce type progresse dans les eaux glacées de l'Atlantique. Quelques mouettes faisaient des piqués pour choper de la poiscaille, mais le type avait fait fuir tous les poissons. Le ciel était gris. Les bâtiments en brique d'Edgemere faisaient penser à des mouroirs. Je me disais qu'on avait parqué des gens ici pour les voir mourir à petit feu. Par la drogue, les armes, le diabète. Je ne devais pas perdre de vue l'activité des *clockers*. J'ai attendu des jours et des jours dans ce spot oublié de Dieu, battu par des vents coupants comme des rasoirs, avec Jésus qui marchait sur l'eau et chevauchait des vagues puissantes et maudites. Et il est enfin apparu. Pas Dieu. Mais un dealer que la rue connaissait sous le pseudo de Rusty Gunz – flingue rouillé. Pourquoi cet alias ? Parce que le jour où un autre enfoiré enfouraillé avait voulu faire avaler son bulletin de naissance à Rusty, à l'aide d'un 9 mm, un miracle s'était produit. L'arme s'était enrayée. Elle n'avait pas été correctement entretenue. Et Rusty avait eu la vie sauve. »

Ethan capte la fréquence de la police grâce à un scanner piqué par Kid Curry à l'intérieur d'une voiture banalisée des stups. Il communique avec les autres grâce à des talkies-walkies longue distance. « J'ai vu Rusty et ses deux gorilles quitter la cité et rouler vers l'ancienne boulangerie industrielle. Pour déposer du cash. Je voyais le fric entreposé dans des sacs en papier de l'enseigne à burgers White Castle qui fêterait ses 71 ans dans quelques mois. Le fric resterait dans la bâtisse encore une semaine avant d'être amené dans d'autres endroits ou investi dans des salons de coiffure ou des entreprises de pompes funèbres. Abe disait souvent que le boulot de braqueur, c'était 95 % d'observation et 5 % d'action. » L'idée est de braquer le spot, comme Abe surnommait les cibles, quand il est plein à craquer de fric. À savoir tous les quinze jours.

« Je regardais ce type gagner dix ans de chèques d'alloc en trois jours, baiser à couilles rabattues, et je me disais que je commençais à vivre moi-même soit comme un stup en planque, soit comme un moine. En tout cas, on n'allait pas tarder à passer à l'action. La veille du jour J, on s'est réunis avec la Horde, dans l'appartement de mon oncle. Il agonisait. Abe avait les yeux rouges, mais il avait veillé à sécher toutes ses larmes. Comme j'étais un conducteur hors pair, je devais assurer la fuite du groupe. La fameuse *getaway car*. Pour ce premier coup, Abe ne m'a pas autorisé à avoir une arme à feu. Il voulait me tester sur mes capacités de pilote. Quand t'es coincé dans le trou de balle de Far Rockaway, la première chose dont tu as besoin, c'est d'un plan de sortie. S'arracher des cités d'Edgemere avant que toute une armée de soldats défoncés au crack te tombe sur le râble avec des TEC-9 et des MAC-10. La veille, mon père est venu à l'improviste rendre visite à son frère. Toute la clique s'affairait dans l'appartement et il a compris qu'il se tramait quelque chose, mais n'a pas fait de remarque. Son regard en disait long. »

Le vent et la pluie sont au rendez-vous ce matin-là. « Les jours de pluie sont une bénédiction, disait souvent Abe. C'est comme un cadeau de Dieu. Les flics sont moins dans la rue et la visibilité n'est pas très bonne. » Les gonzes ont tous leurs capuches rabattues sur leurs yeux et le champ de vision se rétrécit considérablement. Cassidy, Elzy et Kid Curry portent des cagoules avec par-dessus de grosses lunettes de natation. Fringués tout en noir, avec ces lunettes, ils ont l'air effrayants, comme des genres de pirates de l'air. On n'est pas loin de l'aéroport JFK, mais ils ne sont pas venus pour détourner un vol de la Delta Air Lines. « Ce jour-là, j'imaginais que les tours de contrôle distribuaient les autorisations de décollage avec parcimonie, car il n'y avait presque aucun avion dans le ciel. D'habitude, Far Rockaway est toujours survolé par un tas d'avions et durant les longues journées passées en observation, je me disais que les touristes et les étrangers qui allaient atterrir à New York pour la première fois n'imaginaient même pas qu'il puisse exister des quartiers comme celui-ci. Pour la plupart, ils ne savaient pas que l'aéroport était situé dans le Queens. »

La Horde sauvage est au complet dans la bagnole. « Si ce n'était la voiture, on aurait pu passer pour des stups sous couverture. Quand Rusty est sorti de sa tanière avec ses deux gorilles, mon cœur s'est mis à battre la chamade. J'ai regardé du côté de la plage et je me suis aperçu que le Jésus-surfeur me regardait. Juste avant de disparaître entre les vagues déchaînées. La Camaro de Rusty a démarré en trombe. Je l'ai suivie tranquillement. La boulangerie n'était qu'à quelques blocks des HLM. J'avais étudié la topographie des lieux. Rusty et ses deux gars mettraient à peine cinq minutes pour ressortir avec le cash dans des sacs de sport, ce qui veut dire qu'Abe, Elzy et Kid Curry n'auraient pas beaucoup de temps. La Camaro était déjà garée juste devant l'entrée principale. Comment allait procéder Abe pour parer à toute cette puissance de feu, inversement proportionnelle à la vitalité économique du quartier ? Il allait prendre le *big timer* en otage. Aussi simple que ça. J'étais garé de l'autre côté de la rue. Mes gars ont ajusté leur cagoule. Il pleuvait des cordes. La clique est sortie de la bagnole et s'est dirigée rapidement vers l'entrée principale du spot. Les gars se déplaçaient comme des ombres menaçantes dans un cimetière au crépuscule. Les deux gorilles de Rusty sont ressortis les premiers. Ils ont posé les sacs sur le bitume et ont commencé à mettre leur capuche. Grosse erreur. La clique avait surgi comme une bande de bâtards fantomatiques et distribuait des coups de crosse. Abe a tout de suite identifié Rusty à son gros médaillon de la Madone et lui a fourré le canon de son Glock dans la bouche. J'ai mis les gaz, toutes portières ouvertes. Les soldats qui gardaient le spot ont jeté leurs armes. Les deux gorilles étaient à genoux, mains sur la tête, tenus en joue par Kid Curry tandis qu'Elzy s'emparait des sacs. Deux gros sacs remplis de billets à en exploser. J'adorais faire crisser les pneus à la manière NYPD. Effet psychologique garanti. Le conducteur dingue et masqué d'une tire de banlieusard, tout droit sorti d'un sitcom genre *Madame est servie*. En quelques secondes, c'était plié. Le fric et la clique sur les banquettes, Abe ayant pris le temps de péter une molaire à Rusty. J'ai démarré puis fait demi-tour. Je ne sais pas ce qui m'a pris. J'ai foncé sur le groupe de dealers, en les aveuglant avec mes phares. J'ai baissé la vitre et sorti la tête : "Vous voulez savoir qui on est, bande d'enfoirés ? On est le fisc. On vient récupérer l'argent de l'Oncle Sam." Et j'ai remis les gaz. Le temps que ces salopards reprennent leurs esprits, on était déjà loin. L'adrénaline une fois retombée, Abe m'a demandé de garer la voiture sous le Brooklyn Bridge et m'a chopé à la gorge pour savoir ce qui m'était passé par la tête, tout à l'heure, devant le spot. Alors je lui ai raconté l'anecdote de Queensbridge. Quand je m'étais pointé sur la petite place commerçante de The Hill et que j'avais taxé un joint aux dealers du coin en me faisant passer pour un agent du Trésor. Ils sont restés sans voix un moment puis ont tous éclaté de rire. Abe a cessé de se marrer et m'a regardé le plus sérieusement du monde puis a dit : "On a la méthode des masques et des flingues, mais on n'avait pas encore de signature. Tu viens de nous en filer une : on récupère l'argent du gouvernement." »

Quand la clique rentre à Starrett City, l'oncle d'Ethan est mort. Aaron lit quelques prières juives. Un médecin est venu délivrer un certificat de décès et des papiers pour la mise en terre. Abe et ses gars comptent le fric sans enthousiasme. « 250 000 dollars. J'avais jamais vu autant de fric. Abe a commencé à parler de son sale karma, comme quoi la mort de David était plus ou moins liée à la vie qu'il menait. Le lendemain, on enterrait mon oncle et les armes qui avaient servi à soulager Rusty et sa bande de leur pactole. »

Les funérailles ont lieu au cimetière juif Washington, à Brooklyn. Un vent glacial souffle sur le petit groupe. La Horde sauvage a troqué les passe-montagnes pour des kippas. Les yeux sont rouges, les visages blafards, et les vêtements noirs. « Pendant qu'on descendait mon oncle dans un trou, mes pensées sont retournées à Far Rockaway, sur le lieu de braquage. Rusty avait commis une grossière erreur en prenant tout son temps pour se protéger de la pluie, à se focaliser plus sur sa capuche que sur l'environnement immédiat qui est toujours hostile dans ces coins-là. Il avait pris la confiance. Il était chez lui. Il fallait être barge pour venir dans le fin fond du Queens lui piquer son oseille. Je me suis rendu compte que si Rusty avait fait une bourde, j'en avais fait une aussi en retournant sur le spot pour faire mon canular. Je ne le savais pas encore, mais j'allais payer cher cette erreur. Très cher. »

J.J.

LeFrak City – 1990

J.J. obtient un permis de visite et va voir Viper en prison. Où est passée la fille super bien foutue à la langue fourchue ? Viper a pris dix kilos et parle au ralenti, les conséquences de toute cette saloperie de chimie qu'ils doivent lui filer. J.J. a du mal à contenir ses larmes. Elle touche l'épaule de son amie, mais la matonne lui hurle dessus : « Pas de contact physique ! » Il n'y a rien à tirer de Viper, elle divague complètement. J.J. décide d'écrire au directeur, mais sa lettre reste sans effet. Un mois après, c'est la mère de Viper qui l'appelle. Elle lui annonce que sa fille a été retrouvée morte dans sa cellule. Un suicide. Pendue avec une paire de bas. J.J. n'y croit pas. Ce sont des Latin Kings qui ont fait le coup. La mère de Viper n'y comprend rien. Elle n'est pas venue en Amérique pour ça. Pour ces gangs, ces Kings, Rikers et les agents de probation. La vérité, c'est que Viper a perdu sa guerre. La guerre qu'elle menait contre les Ñetas et les Latin Kings n'avait aucun sens à l'intérieur de la prison. Elle n'avait pas compris que les conflits territoriaux et les couleurs ne comptaient pas à Rikers, que c'était de la frime, du folklore. Les Aryennes vendaient de la beuh et de l'héroïne aux Portoricaines et aux Blacks. Le temps de l'incarcération, tous les taulards font des efforts pour ne pas rendre l'endroit encore plus dur et plus sauvage qu'il ne l'est déjà. Les Afros avaient beau clamer que le paradis des Blancs constituait l'enfer de l'homme noir, ils n'hésitaient pas à consommer la drogue du Caucasien. Pour planer. Loin de cette île. Loin de New York. Viper s'est entêtée à importer cette guerre des blocks jusque dans les coursives de la prison. J.J., elle, s'était tenue à carreau. Elle réalise maintenant que les filles latinos qui ont sorti des surins sous la douche n'avaient aucune intention de la tuer. En dehors des douches, elles auraient pu l'atteindre mille fois. C'était du cinéma. Viper avait voulu jouer le truc jusqu'au bout.

L'enterrement a lieu à Mount Hebron, comme pour le paternel de J.J. « Son père m'a dit : "Je ne veux surtout pas voir ta sale gueule là-bas." Mais sa mère m'a donné son accord. Avec le reste de la bande. À condition qu'on reste discrètes. » Ce jour-là le gang est au complet, vêtu de sweat-shirt, de jean et de baskets noires, sur fond de ciel gris. « Certaines portaient du rouge à lèvres noir. Un vrai gang de corbeaux. » On se serait cru dans un film. Le rabbin entame la prière des morts. Traité talmudique Yébamot 78. « Saül se trompe en pensant que l'on peut se tuer soi-même. » Le cercueil est fermé, selon la volonté des parents. Le légiste leur a expliqué qu'une mort par strangulation provoque une déformation du visage. Ils n'ont pas insisté pour avoir plus de détails. Une pluie fine tombe sans discontinuer. Après la mise en terre, le gang est abordé par deux types qui puent la maison Poulaga. Deux gars en civil, jean et baskets, qui se présentent comme des gars de l'unité antigang du Queens. Ils veulent parler à J.J. et à Rachel. Le groupe se sépare et les flics, J.J. et Rachel se dirigent vers une allée reculée du cimetière, là où les flics ont garé leur van bleu marine. Anthony Malkovitch et Jason Ramirez. Le premier, un Blanc quadra, probablement un vétéran, vu l'aisance avec laquelle il évolue dans les rues infestées de gangs. L'autre, un Latino trentenaire et athlétique, pas un *rookie* mais presque, qui apprend le boulot sur le terrain : les codes, les couleurs, les bandanas, les tatouages, les graffitis, la manière dont un gonze porte sa casquette.

Malkovitch soupçonne J.J. de préparer une offensive contre les Latin Kings, des représailles en bonne et due forme, suite à la tentative de meurtre dont elle a fait l'objet des mois plus tôt. Il sait qu'elle s'est tenue à carreau en prison et qu'elle a respecté le code de Rikers. Mais elle est de retour dans la rue et elle a la rage.

« Je suis au courant pour votre petit commerce de crack. Vous vendez aux Blancs et aux Juifs. Les stups ne vont pas mettre longtemps à trouver la planque. Tu le sais. Réfléchis un peu. À ta prochaine arrestation, tu es bonne pour une peine à deux chiffres. Sans compter la récidive. T'es dans la merde, J.J. Et toi aussi, Rachel. » Ils roulent dans le vieux quartier. Les barres de LeFrak City s'élèvent comme de gigantesques pierres tombales dans un cimetière de psychose urbaine. Malkovitch menace J.J. et Rachel de les larguer en plein territoire Kings. Le coup classique et vicieux de l'antigang, on appelle ça « la visite à la grand-mère » : ramener le gonze en territoire ennemi, se garer dans un endroit bien en vue, faire coulisser bruyamment les portes du van bleu marine, histoire que les mecs sur les bancs remarquent bien la flicaille et tout le matos à l'intérieur, et pousser le contrevenant hors du véhicule. Passage à tabac dans les règles garanti. Dans le meilleur des cas.

« Malkovitch m'aimait bien, je crois. Il ne comprenait pas pourquoi une jeune Juive comme moi avait plongé dans cette vie-là. Plus tard, j'ai appris qu'il avait une fille de mon âge. Il ne m'a jamais fait le coup de la visite à la grand-mère. Mais je sais que beaucoup de flics de l'unité antigang le faisaient. Malkovitch et Ramirez étaient cool, mais ce n'était pas le cas de tous. » J.J. fait référence à un autre binôme, un Irlandais, John Grady, et un Afro, Tyrone Glover. Une paire de salopards vicieux. « Ils ne pouvaient pas me sentir. » Il flotte dans leur van comme un vieux relent d'antisémitisme, vu que Glover a grandi à Crown Heights au milieu des ultra-orthodoxes et qu'il a toujours pensé que le maire Koch favorisait les Juifs au détriment des Afros. Mais, là, la ville est dirigée par un maire noir, David Dinkins, ce qui ne calme pourtant pas la colère de Glover puisqu'il incarne le cauchemar des jeunes gangsters noirs. Un psychiatre expliquerait cela en invoquant la « haine de soi » inculquée par la hiérarchie policière blanche aux Noirs depuis des générations. Glover plaque les jeunes Noirs contre le mur et les traite de « merdes de négros qui ne servent à rien ». John Grady, de son côté, frappe des mineurs de moins de 15 ans de manière à ne laisser aucune trace, avec un exemplaire du *Capital* de Karl Marx.

Deux semaines après l'enterrement, J.J. et Rachel se font coffrer sur Junction Boulevard. John Grady conduit le van blanc, et Tyrone Glover les cuisine. « Pourquoi est-ce que vous nous arrêtez ? demande Rachel. On n'a rien fait de mal. » Glover a un regard mauvais. Il leur explique qu'elles sont fichées. Appartenance à un gang ? Positif. Cee Jay. Particularité : gang composé uniquement de filles juives. Leader du groupe : Jane Berkowitz, alias

Jewish Jane, alias J.J. Activités principales : dégradation de la propriété publique et privée, vandalisme, violence en réunion, agressions, vols, vagabondage et appropriation coercitive de l'espace public. « Il a commencé à me parler des dix mois que j'avais passés à Rikers. Qu'il pouvait me coller, je le cite, "une fiole de crack dans le cul et appeler les stups". Retour express à Rikers. Il m'a demandé si j'aimais les bites circoncises et si j'aurais aimé sucer celle de l'ancien maire Koch. Je commençais à flipper. » Le van tourne dans Gangland pendant une demi-heure et s'arrête dans une portion de Rego Park contrôlée par les Latin Kings. « Rachel essayait de retenir ses larmes. On ne savait pas s'il bluffait ou s'il allait vraiment ouvrir ces putains de portes. Je jouais la dure, mais j'étais sur le point de me pisser dessus. » Grady roule au ralenti, histoire de provoquer les gonzes dans la cité. De faire monter la pression. Il est bientôt 22 heures et la nuit s'est abattue sur Rego Park. Les mecs traînent avec leurs copines, sifflent de la vinasse californienne de chez E&J. L'atmosphère est tellement « gangsta » que l'air semble s'être épaissi, les tatouages prennent vie et s'animent : des Madones grimaçantes et des têtes de mort, des couteaux plantés dans des cœurs, des dates de naissance et de décès, d'incarcération et de libération, des Christs torturés ou psychotiques, calibrés et cocaïnés. Glover sourit, on dirait un sadique face au spectacle d'une mouche prise au piège dans une toile d'araignée. J.J. s'attend à être éjectée du véhicule et prépare son corps à la douleur. Elle sait qu'elle ne la sentira qu'après. La poussée d'adrénaline provoquée par la peur, la haine et l'envie d'en découdre anesthésie la douleur un temps. Elle se demande si Rachel va encaisser. Grady continue de faire le tour du quartier comme si ça le faisait bander. Maintenant chaque mètre carré de bitume suinte l'hostilité et la curiosité. Glover porte une flasque à ses lèvres et avale une lampée de mauvais whisky. « On va vous laisser vous entre-tuer. Ça fera moins de raclures dans les rues et le contribuable pourra dormir sur ses deux oreilles. » Le van pile et les portes s'ouvrent. Rachel atterrit la première sur l'asphalte, elle essaie d'amortir la chute, mais ce sont ses genoux qui morflent. J.J. subit le même traitement. Sauf qu'elle sait mordre la poussière de Corona comme personne. Glover et Grady sont déjà deux blocks plus haut. Les gangstas ricanent. Ils envoient trois filles Latin Kings gaulées comme des camionneurs. J.J. sourit. Les deux flics ont commis une erreur de débutant, le genre d'erreur qui pourrait valoir à un sergent de l'antigang le privilège de réguler la circulation sur Queens Boulevard. Ils n'ont pas fouillé les filles, tellement excités à l'idée de leur faire le coup de la visite à la grand-mère. J.J. sort son Baby 9 et tire sur l'une des filles. La balle de petit calibre fracture la clavicule de la Latin King qui s'écroule en hurlant. Les gamins se barrent en courant. Facile de porter les couleurs. Mourir pour ses couleurs l'est moins. Un des plus vieux de la bande sort un .22 et tire deux fois en direction de J.J. Les gens cavalent et gueulent. Au loin on entend une sirène de police. *Sound of the beast*. Le type tient son calibre comme dans un film de John Woo et tire à l'aveuglette. J.J. et Rachel sont déjà dans les profondeurs de Rego Park. Une voiture de patrouille est en chemin. Dès qu'elles trouvent un coin tranquille, elles s'arrêtent pour reprendre leur souffle. « Je devais surtout me débarrasser du calibre. Le nettoyer et le jeter quelque part. Ce flingue était le chaînon manquant entre Rego Park et Rikers Island. On l'a balancé dans des poubelles. Personne n'aurait pu le trouver. »

Glover et Grady embarquent quelques mecs, des abrutis qui n'ont pas compris qu'il fallait courir quand on entendait des coups de feu et des sirènes de police. Des petits durs qui la jouent à fond « code de la rue » et qui ne mouftent pas lors de l'interrogatoire au 110e *precint* du Queens. La police a retrouvé des douilles, mais ces deux petits cons n'ont rien vu, rien entendu. Grady et Glover finissent par apprendre que J.J. est l'auteur des tirs. Des gens ont passé des coups de fil anonymes. Mais pas d'arme, pas de crime. Surtout que les deux flics n'ont pas envie que tout le commissariat découvre leur « méthode » de travail. « Quand Glover et Grady nous croisaient dans la rue, ils nous disaient : “Hé, les filles, vous vous êtes vachement bien débrouillées dans Rego Park avec les Latin Kings. Très malin, le coup du flingue. Félicitations.” Rachel et moi savions qu'ils avaient la haine. Qu'ils attendaient de me voir tomber. Parfois j'avais envie d'aller en parler à Malkovitch, mais ça ne se faisait pas. Personne dans la rue n'allait raconter ses problèmes à un flic. »

Tequila, la fille qui a reçu la balle, n'a plus qu'un désir et il est facile à deviner : elle veut se venger. Rayer le gang juif de la carte du Queens. Elle en veut. Elle le fait savoir à tout le monde. Quinze heures aux urgences du Queens et elle montre à tous ses potes du *barrio* son plâtre couvert de tags. Les trucs classiques : « On t'aime » ajouté à un numéro de rue, « On les aura » barré et complété par une croix de Trujillo Alto, une ville portoricaine. Il n'y a bientôt plus de place sur ce plâtre de l'Assistance publique des hôpitaux new-yorkais. Ce plâtre ressemble à un mur de la cité. Certains disent que c'est la pierre tombale de J.J.

NECRO

Canarsie – 1992

Les frangins ont enfin fini par déménager à Canarsie, dans l'appartement de leur mère. Ils se sont imposés dans la rue et leur réputation dépasse maintenant les frontières de Brooklyn.

Necro a lâché l'école, mais pas son *lifestyle* de gosse du ghetto. Il continue de toper des sneakers Puma Clyde couleur azur sur Church Avenue et des cassettes chez les disquaires Tower Records. Il se fait attraper un jour, mais ça ne le dissuade pas de recommencer. « Je piquais des trucs à gauche à droite, c'était la grande époque du *boosting*, New York était devenu le royaume des voleurs. Church Avenue, c'était vraiment un spot que je fréquentais beaucoup. Howie m'expliquait que ça avait été un quartier juif dans les années 1960 alors qu'il était majoritairement noir et caribéen dans les années 1980. Je me souviens que j'allais toujours chez un coiffeur à Crown Heights, j'étais le seul Blanc là-dedans et je voulais absolument des trucs sur mes cheveux, dessinés à la tondeuse, c'était la mode à l'époque. J'ai toujours été un mec débrouillard, un petit entrepreneur. » À l'âge de 16 ans, Necro commence à dealer de l'herbe tout seul. Il se fait un réseau de clients fidèles, une trentaine, et possède même quelques cartes de visite. Muni d'un bipeur, il peut assurer des livraisons, d'abord à vélo puis, les affaires se portant mieux, en voiture. Il a essayé de s'insérer dans le monde de l'économie légale en multipliant les petits boulots : agent de sécurité dans une boutique de vêtements, employé dans une échoppe à bagels, manutentionnaire pour l'épicerie Waldbaum's, ouvrier du bâtiment, VRP dans la chaussure, télévendeur, etc. Des boulots qui lui ont donné, souvent, l'envie de fracasser le crâne de ses boss à coups de batte de base-ball. « À 16 piges, j'ai décidé d'arrêter de me casser l'échine pour des patrons qui n'en avaient rien à foutre de moi et j'ai commencé à dealer de la weed. »

C'est oncle Howie qui donne vraiment envie à Necro de faire du cinéma. Un jour il l'emmène dans une salle de shoot sur Church Avenue où des Juifs à kippa passent leur temps à s'injecter des doses d'héroïne. C'est le spectacle le plus fascinant qu'ait jamais vu Necro. Il y a au moins une vingtaine de gonzes, anciens juifs orthodoxes, frappés d'opprobre et chassés de leur communauté. Ils se retrouvent dans ce temple de la défonce pour planer sur l'horizon délavé et narcotique. Howie autorise Necro à prendre des photos avec son Polaroïd. Plusieurs fois il voit des types faire des overdoses. Personne n'appelle les urgences. Les types comatent une heure ou deux puis se réveillent, grâce au sel que Howie leur file à bouffer. Rien ne vaut le sel en cas d'overdose. Necro fait la connaissance d'anciens profs, ouvriers et petits employés, tous bouffés par la dope. Il passe au moins deux fois par semaine à la *shooting gallery* – le stand de tir. « Ce truc, c'était mieux que n'importe quel slogan à la con contre les dangers de la drogue. Je m'y amusais comme un fou. »

Ça ne le dégoûte pas complètement de la drogue et il continue de livrer de l'herbe, il est maintenant en bagnole, toujours avec ses petites cartes de visite. Il passe la majeure partie de son temps libre à composer des beats sur une boîte à rythmes et l'autre temps à filmer Brooklyn avec une petite caméra Super 8 qu'il a achetée avec l'argent du deal. D'une certaine manière, ça sera la musique ou le cinéma. Ou les deux. S'il échappe à la prison. Pour approfondir ses connaissances en cinéma, il drague parfois des étudiantes cinéphiles de la New York University, qui finissent dans son pieu. « J'étudiais de près toute cette merde d'art et d'essai que je voyais à la NYU. Je m'étais fait une fausse carte d'étudiant et j'allais à leur ciné-club mater des films, vendre ma beuh et choper du minou. Je baisais plus que n'importe quel zonard de Brooklyn. Mon cul blanc était béni. J'ai découvert la Nouvelle Vague française, le cinéma néoréaliste italien, le cinéma Novo brésilien. De mon côté j'emmenais des étudiantes sur The Deuce le samedi soir et je leur faisais découvrir des films comme *Vigilante* ou *Le Crocodile de la mort*. Le choc des cultures. C'est comme si ces nanas visitaient un zoo humain ou une lointaine tribu africaine. Elles étaient mortes de trouille à l'idée de finir dans une cave de Staten Island avec tous ces Noirs aux regards de dingues et en même temps superexcitées à l'idée d'être au cœur d'une expérience authentique. » Quand il veut passer à la réalisation, Necro recrute des petits camés de Coney Island et les filme dans leurs trips erratiques, avec une esthétique punk pré-*Requiem for a Dream*. Il leur file quelques dollars ou parfois de la came qu'il a récupérée chez Howie et leur fait jouer des saynètes. « C'était la Nouvelle Vague sous acide, dans les cités de Brooklyn. Je leur disais de jouer leur propre personnage. La plupart du temps, ils étaient tellement défoncés qu'ils ne comprenaient pas vraiment ce qu'il se passait. J'ai pris l'habitude de filmer sept jours sur sept et de mater mes rushes sur un projo que j'avais chopé au marché aux puces. Je me prenais pour George Romero. » Le style cinématographique de Necro n'est pas encore très affirmé, mais il est bien identifiable, on y voit en germe l'ADN de ses courts métrages à venir.

Le truc avec Necro, c'est qu'il passe d'un monde à l'autre très facilement. À la fois très à l'aise avec les étudiants fils à papa, il nage comme un piranha dans les eaux troubles du ghetto de Church Avenue. Il peut gommer en quelques secondes les inflexions et les intonations de Farragut et de Glenwood et faire la conversation sur le mode critique de cinéma de Greenwich Village. Les seuls aspects qui peuvent le trahir, c'est sa démarche chaloupée, les grillz dans sa bouche (bagues en argent qui ont l'apparence d'un appareil dentaire) et ses fringues. Baggy en jean noir et sweat-shirt extralarge de la même couleur, Timberland assorties, bandana noué autour de son crâne rasé. Sans oublier les fringues à l'effigie de Charles Manson ou d'Alex DeLarge, la racaille blanche ultraviolente du film *Orange mécanique* de Stanley Kubrick. « J'avalais des kilos de pellicules. Je me voyais vraiment comme un réalisateur. Une petite raclure de Brooklyn avec un point de vue narcotique dérangé sur le monde d'aujourd'hui. »

Un soir, Necro et son frère n'en peuvent plus d'être reclus dans l'appartement étouffant et sortent dans la nuit froide. Les frangins repèrent immédiatement les stups en planque dans des vans sombres et banalisés. Une camionnette Joe Baldwin Electrics est stationnée au coin de la rue. Les frangins n'ont jamais vu ce véhicule auparavant et le seul électricien qui s'aventure dans la zone, c'est Louis Shiffman de Louis Shiffman Electrics. Les stups ont donc maquillé la camionnette. Vous n'y trouverez ni câbles ni fusibles. Seulement des micros et des jumelles de vision nocturne. Les stups observent un petit groupe de lascars qui assurent le service de nuit. Dans la grande entreprise capitaliste du commerce de narcotiques, l'offre et la demande ne dorment jamais, à l'image de la ville. Un raid se prépare. Bill et Necro ont rabattu leurs capuches sur leur bonnet Carhartt. La tension est aussi palpable que le bitume est froid. « On rentre, c'est chaud », lâche Bill, qui a trente grammes de beuh dans la poche de sa doudoune The North Face. Les frangins regagnent leur bâtiment et prennent l'ascenseur jusqu'au dernier étage. De là ils grimpent sur une échelle qui les mène directement à la large terrasse du HLM, en forme de Y. Ils passent des après-midi d'été entiers sur ce *rooftop*, à écouter du son et à fumer des blunts, en regardant passer les métros aériens. Ils ont une vue imprenable sur le banc et le groupe de *clockers* qui s'y active. Le guetteur drague une fille de retour de l'épicerie. Il n'a pas vu les vans. Les stups portent des gilets pare-balles sous des coupe-vent sombres, des bonnets de marin noirs et des gants. Ils glissent entre les bagnoles, habiles comme des ninjas, silencieux comme des cobras. Le guetteur mate le gros cul appétissant de la Portoricaine qui s'éloigne vers son block quand un stup est déjà derrière lui et pratique une technique d'étranglement rapide et efficace, jamais enseignée à l'école de police. Dix stups se faufilent entre les bagnoles et surprennent les types en pleine transaction. « *Freeze motherfuckers !* » De grosses voix, de gros flingues et probablement de grosses couilles pour venir chasser du dealer au cœur de Gangland. Au même moment, ce cirque se répète dans plusieurs cités de Brooklyn. Canarsie. Cypress Hills. Marcy. Brownsville. Une petite offensive dans la guerre contre la drogue censée mettre hors jeu quelques équipes. Les gestes des stups sont précis et méthodiques : menottage, palpation et fouille, saisie des flingues et de la dope. La came est planquée dans le bâtiment d'en face. « Si tu nous dis où elle est, tu prends cinq ans. Si tu nous fais perdre notre temps, multiplie la note par trois », ont coutume de dire les flics de terrain. Le chef de rayon du supermarché du crack ne se le fait pas répéter. Les lumières s'allument à toutes les fenêtres. « *Fuck the police !* » Les insultes jaillissent. Des voitures de patrouille du NYPD arrivent en renfort. Mais il fait trop froid pour que les jeunots descendent et se frottent aux flics. Alors qu'en été ce genre de démonstration de force de la part du NYPD provoque souvent attroupements et embryons d'émeutes. Bill en profite pour écrire quelques rimes sur un carnet d'écolier.

Le lendemain, Necro fait la tournée de ses clients. Il remonte même jusqu'à Brighton Beach. Un vieux musicien juif aime fumer un joint en trempant ses jambes arthritiques dans les eaux glacées de l'Atlantique. Une ligne de séparation imaginaire divise Brighton Beach, le quartier des Russes et des Ukrainiens, et Coney Island, un territoire noir et portoricain. Mais Necro n'en a rien à faire de ces conneries et livre aussi bien aux Russkoffs qu'aux Afros et aux Latinos. Parfois, il monte le chauffage à fond dans sa Honda Civic, fout la BO d'*Orange mécanique* à plein volume, contemple le vieux parc d'attractions des années 1920 avec sa grande roue, la Wonder Wheel, et se dit qu'il a Brooklyn dans le sang, les artères, le cœur, le foie et les tripes. Sorti de New York, il serait perdu.

ETHAN HOROWITZ

Starrett City – 1992

62 500 dollars fourrés dans un gros sac en papier de chez Walmart, c'est un joli cadeau d'anniversaire. Ethan fête ses 20 ans entouré de sa nouvelle bande. Il n'a pas un style de vie outrancier et garde une partie du fric dans un box qu'il loue à l'année près de Red Hook. Dans les films, les types enterrent leur argent dans la forêt ou dans le désert. « C'était plus facile de louer un box. Et puis, à l'époque, personne n'avait de coordonnées GPS sur un téléphone portable. » La Horde sauvage planifie un braquage tous les six mois, histoire de garder la forme et surtout d'avoir le temps de se renseigner un max sur les futures victimes. Ethan a ses habitudes dans un coffee shop de Starrett City et rencontre Laura, serveuse à mi-temps et étudiante au Brooklyn College. En prison, il a passé beaucoup de temps à la bibliothèque, d'abord pour lire des bouquins sur l'histoire de BMW, General Motors, Ford et celle de la Cadillac, puis il a dérivé vers des lectures plus éclectiques, notamment *Moby Dick*. « C'est le bouquin idéal pour un taulard, parce que si tu as pris trois ans, vu que c'est un pavé, tu es sûr de le finir ! À l'extérieur des murs, quand tu prends un bouquin à la bibli, ce qui ne m'est arrivé genre que deux ou trois fois

dans ma vie, tu as toujours la flemme de le rendre. En prison, la bibliothèque est à l'étage du dessus ! J'ai vraiment été fasciné par le personnage du capitaine Achab qui essaie de choper cette racaille de baleine blanche. Il m'a fait penser à moi. Je traversais un océan de voitures volées, j'étais un genre de prédateur à la recherche de la bagnole ultime, mais peut-être qu'au fond je ne faisais que me battre contre mes propres démons, comme Achab. »

Laura succombe au charme de ce jeune mec qui prétend travailler pour les égouts de la ville. « L'idée m'est venue comme ça. Il me semblait que c'était une bonne couverture. Ça me permettait de justifier les absences, surtout la nuit et les week-ends. » Il passe de plus en plus de temps avec Laura et les coups de fil à Tekhita se font rares. « Tekhita, c'était juste pour le fun, quand j'avais besoin de faire chuter la tension. De toute manière, elle ne tombait jamais amoureuse, c'était une fille à taulards, le plus grand garage à bites inculpées de tout Brooklyn. Mais je l'aimais bien. Elle baisait comme personne. Elle était volcanique. Avec Laura c'était différent, j'étais bien avec elle. Elle voulait même me présenter ses parents. Des petits commerçants irlandais. Elle allait faire entrer le loup dans la bergerie. Quant à mes compagnons d'armes, ils menaient des vies complètement différentes. Abe collectionnait les timbres rares et les filles faciles. Elzy vivait depuis deux ans avec une actrice porno noire, Jennifer Bales, et avait rallié un club de golf où il racontait à tout le monde qu'il était le petit-fils d'un sénateur WASP bon teint. Quant à Kid Curry, plus jeune d'un an que moi, c'était un rêveur doublé d'un très bon peintre. Il peignait des paysages new-yorkais sous la neige comme personne. Il maniait aussi bien le pinceau que les flingues. Il aurait pu percer dans le monde de l'art. Mais je crois que braquer les dealers était devenu une drogue méchamment addictive pour tous ces gonzes. Un jour, Kid (nous étions deux Kids dans la bande, alors souvent Abe ou Elzy se demandaient mutuellement : de quel Kid tu parles ? Sundance ou Curry ?) m'a invité dans un loft spacieux qu'il louait dans un quartier miteux de Red Hook, près de la zone portuaire. Il était en train de peindre une magnifique nymphe aussi nue que le jour où elle avait jailli des entrailles de sa mère pour hurler au contact de l'air vicié d'une maternité new-yorkaise. Il m'a expliqué que c'était une fille hamiltonienne, et au début je me suis dit que ce devait être une maladie comme Parkinson ou Alzheimer. Il a ri aux larmes et m'a mis au parfum sur Hamilton, un célèbre photographe britannique. Il aimait peindre des paysages urbains et des muses à poil. Je me souviens qu'il pelait dans ce loft. La fille avait la chair de poule. À la fin de la séance, je lui ai prêté ma parka Carhartt et elle m'a souri. J'allais tomber amoureux une deuxième fois. Elle s'appelait Alice et était étudiante en histoire de l'art à l'université Columbia. Elle m'a demandé ce que je faisais dans la vie. Égoutier. Je m'étais un peu rencardé sur le boulot pour être crédible. Je lui ai expliqué que j'assurais l'assainissement des eaux, l'entretien des siphons, que je luttais contre l'ensablement du réseau et les fissures. Et que je mourrais probablement dans cinq ans de la leptospirose, une maladie infectieuse transmise par l'urine de rat. Cela l'a fait marrer et j'ai su que c'était dans la poche. »

Pendant qu'Ethan Horowitz, alias Maya Lansky, alias Sundance Kid, roucoule avec ses deux colombes, Abe repère un opulent dealer dans les Cooper Park

Houses à East Williamsburg. Un type très discret, qui brasse beaucoup, mais ressemble à un agent d'assurances. A.G., Andre the Giant, un Afro de 1,70 mètre, 60 kilos tout trempé, mais dont la réputation équivaut à celle de 50 Cent, une authentique brute du Queens. Ce type est vraiment malin. Pas parce que le fisc touche zéro dollar sur ses revenus, mais parce qu'il a vraiment la mentalité d'un honnête entrepreneur qui mettrait sur le marché un produit malhonnête. Soyons sérieux. Coca-Cola et Burger King abattent beaucoup plus de monde qu'A.G. Le glucose et la graisse tuent, provoquent même plus de dégâts qu'une fiole de crack ou une balle de revolver. Et vous savez pourquoi ? Parce que tout le monde en Amérique aime les produits gras et sucrés. Les bébés, les ados, les enfants, les seniors, les femmes, les hommes, les Blancs et les Noirs, les Républicains et les Démocrates, les ouvriers et les cols blancs. Ethan le regarde taper dans le dos de ses employés, parce que c'est comme ça qu'A.G. voit ses petits soldats, comme des employés. A.G. rend visite à sa grand-mère, A.G. apporte des gâteaux à sa tante hypocondriaque, A.G. participe à la fête du quartier et offre même une bourse pour faire des études au gamin le plus méritant du block. « Putain, qu'est-ce que j'aime ce pays, soupire Ethan. Y a qu'ici que tu peux voir un dealer de crack filer 30 000 dollars à un gamin pauvre issu d'une de ces nombreuses familles dysfonctionnelles pour aller à la fac. Une fac de droit. Et vous savez quoi ? Le gosse des cités de Cooper Park, à East Williamsburg, va s'inscrire en fac de droit et passera le barreau. Il ne perdra pas son temps à fréquenter des fraternités, à se soûler la gueule tous les week-ends et à choper du minou estampillé 100 % Ivy League. Son objectif ultime : avoir le diplôme d'avocat spécialisation droit pénal et criminel et revenir à Brooklyn défendre A.G. au cas où ce dernier serait dans le collimateur de la justice. Ça se passe comme ça et si vous n'êtes pas de ce monde-là, vous ne pouvez pas comprendre. J'ai grandi dans le *hood*, alors je sais de quoi je parle. J'ai passé du temps à observer les us et coutumes d'Andre the Giant, surnom qu'il ne portait pas très bien vu le petit gabarit du mec. Mais les gens du quartier le considéraient comme un géant. C'est ça qui importait. » Les repérages se font de plus en plus précis. « C'est le truc le plus important dans un braquage : l'environnement. Tu dois être hyperréceptif au moindre bruit inhabituel, au moindre regard insistant ou interrogateur, vérifier si personne ne t'a repéré depuis la fenêtre d'un HLM, un voisin trop curieux ou un guetteur. C'est une question de survie. Parce qu'une fois qu'on est sortis de la bagnole, on est juste une bande de types avec des cagoules et des flingues dans un quartier *a priori* hostile et qu'en face on sait qu'il n'y aura pas d'hésitation, pas de grandes réflexions philosophiques sur le besoin de recourir à la violence. On sera accueillis par Messieurs Uzi et Desert Eagle en personne. Ce sont des flingues juifs, vous me direz. Les flingues et la diaspora, ça fait deux, on me l'a toujours dit. »

A.G. entrepose son fric directement dans un appartement de la cité, et déménage une fois par mois à Mystic, un village blanc du Connecticut. Ethan s'est fadé les 125 kilomètres qui séparent New York du Connecticut et a littéralement halluciné quand il a vu A.G. planquer le fric dans la maison d'une vieille femme blanche un peu Wicca sur les bords, genre sorcière senior de Salem. A.G. est un génie, pense Ethan. « Quand j'ai vu le panneau qui indiquait

Mystic, je me suis dit : “Merde, est-ce que je suis pas en train de délirer.” J’avais roulé un joint sur une aire d’autoroute, violant l’éthique professionnelle de la Horde sauvage, et l’herbe commençait à faire son effet. Il est resté environ dix minutes dans cette baraque. Je me suis dit que c’est là qu’on devait le taper, à Mystic, et pas dans une cité craignos de Brooknam. J’avais juste pas remarqué un détail. Un détail crucial. La dame habitait juste en face de la caserne des pompiers de la ville, la Mystic Fire Department, sur Broadway. À cinq minutes en bagnole, sur Long Point Road, il y avait aussi le poste de police de Groton. Pour résumer, le coin grouillait de flics, de pompiers et de bons citoyens blancs avec des tee-shirts siglés “*crime stoppers*” et organisateurs de *neighborhood watch* – la surveillance commune du quartier. Un aller simple pour le bagne, ce plan. Quand A.G. est ressorti de chez la vieille dame, il a salué le capitaine des pompiers. Il portait un de ces costumes marron et mal coupés de prof de la cambrousse, pantalon feu de plancher, chaussettes à motif et mocassins bon marché, une cravate noire sur une chemise couleur moutarde. Une vraie dégaine d’oncle Tom. Le bon *house nigger* – nègre domestique – qui souriait de toutes ses dents blanches. Le chef des pompiers était loin de se douter qu’A.G. était un gros dealer d’East Williamsburg. A.G. était un génie. Pour de vrai. »

La Horde sauvage se réunit pour un dernier briefing par un matin glacial de février. « Une fois le fric en sécurité dans la bagnole, A.G. n’avait plus besoin de ses quatre gorilles. Je suppose qu’il ne voulait pas attirer l’attention sur lui et qu’il se faisait très discret. Le fric était caché dans deux grosses valises de voyage, et c’était Big T, un malabar de plus de 150 kilos, qui les transportait, suivi par trois gonzes qui escortaient A.G. jusqu'à son break familial boisé de comptable, immatriculé dans le… Connecticut. A.G. n'était pas armé. Il ne pouvait pas risquer de se faire pincer avec un flingue par une patrouille de péquenauds et de prendre quinze ans de prison. C'est ce qui arrive quand vous trimbalez une arme à feu d'un État à l'autre. C'est un crime fédéral. Le plan, c'était de dépouiller A.G. quelque part à la sortie de Brooklyn. »

Le groupe se dit que c'est leur coup le plus facile depuis qu'ils sont dans la partie. Tout se passe comme prévu le jour J. Big T charge les deux valises dans le coffre. Les malabars jettent des coups d'œil froids et méthodiques à tous les coins de rue. RAS. Mais quelque chose cloche. A.G. ne démarre pas et les quatre gorilles sont toujours sur le bitume, comme s'ils attendaient quelque chose. Quelques instants plus tard, une autre bagnole, une Ford, se gare en double file et une femme, une quadra, en sort. Elle ouvre la portière et un gamin d'une dizaine d'années en jaillit comme le diable de Tasmanie et saute au cou d'A.G. Le type a plusieurs gamins de plusieurs femmes et voilà qu'il s'était mis en tête d'offrir une balade à la campagne à son morveux. « On s'est tous regardés dans la bagnole. Abe, Elzy, Kid Curry et moi. Le coup du gamin nous avait refroidis. Est-ce qu'on repoussait le braquage d'un mois ? Perso, j'avais besoin de fric, car je comptais m'acheter une petite baraque dans un coin sympa et reculé de Brooklyn, genre la campagne à la ville. Schenectady Avenue dans les Flatlands à Brooklyn. Moitié juif, moitié caribéen, le quartier parfait pour moi. A.G. démarre. La mère du gamin lui fait de grands signes de la main. Abe me regarde du genre : *On n'y peut rien, on y va.*

Le plus simple était de les alpaguer dans la zone des entrepôts derrière Williamsburg. On a mis nos cagoules. La clique a sorti sa puissance de feu. Abe nous a dit : "Pas de violence inutile. A.G. n'est pas armé et on ne veut pas blesser le gamin." J'ai coupé la route à A.G. dans une ruelle déserte. Il a pilé et son gamin s'est pris le pare-brise en pleine gueule. Il n'avait pas mis sa ceinture. Abe, Elzy et Kid Curry ont sauté de la bagnole et intimé à A.G. de sortir. Il ne voulait pas quitter son fils, alors Abe l'a crossé dans la face. "Fallait pas venir impliquer ton fils, ducon", a marmonné Abe dans sa cagoule. Kid Curry tenait en joue A.G. avec son 9 mm maousse. Le gosse saignait. Abe et Elzy ont pris les deux grosses valises et les ont balancées dans le coffre de notre voiture. Ça a duré à peine deux minutes. Je n'arrivais pas à détacher mon regard du gamin. "Démarre !" a gueulé Abe. Je me suis exécuté. Et puis une seconde après j'ai pilé comme un malade et j'ai foncé vers le break familial. Je suis sorti de la bagnole et j'ai saisi A.G. par le col de sa chemise d'oncle Tom. "On est désolés pour le gamin, il ne nous a strictement rien fait, d'ailleurs je pense que c'est juste un petit traumatisme crânien. On va appeler les secours. Il n'y a rien de personnel là-dedans, nous sommes simplement venus récupérer l'argent du gouvernement. Nous sommes le bras armé du fisc." Je suis remonté dans la bagnole et on a foncé. On s'est arrêtés à une cabine publique sur Atlantic Avenue et j'ai passé un coup de fil aux urgences. Ce braquo, c'était du gâteau. Le deuxième que je faisais avec eux. J'ai déposé ma part dans mon box. J'ai retiré ma cagoule et mes lourdes sapes Carhartt et pris une bonne douche. J'essayais de ne pas penser au gamin. L'adrénaline du coup n'était pas encore tombée et j'ai appelé Tekhita. J'avais du fric alors j'ai réservé une chambre dans un superbe hôtel de Manhattan, sous le nom de Mickey Cohen, un célèbre gangster de la *Yiddish Connection*. Fallait que j'arrête avec les *private jokes*. Merde, j'en avais marre de Brooklyn. La chambre était parfumée et sonorisée. Je crois que c'est la première fois que Tekhita écoutait de la musique composée par un certain Camille Saint-Saëns. J'ai jeté un œil sur la carte délicatement accrochée à la table de chevet. Musique de chambre. *Caprice sur des airs Danois et Russes* pour flûte, clarinette, hautbois et piano. Opus 79. On a baisé à mort sur la musique d'un compositeur français décédé d'une pneumonie il y a très longtemps. Tekhita, c'était une actrice porno dans l'âme. Elle adorait recevoir mon foutre sur ses obus couleur caramel et sur son visage. Elle criait et disait qu'elle adorait ma bite circoncise. Je suis descendu deux ou trois fois à la cave et j'ai lapé tout ce nectar comme un chat affamé. Elle jouissait à la chaîne. Une putain de *mamacita* femme fontaine. J'avais la queue qui me faisait mal tellement j'avais baisé. La moquette à 2 000 dollars était jonchée de mon héritage biologique, mon ADN de gangster, plein de petits Ethan Horowitz qui ne verraient jamais les lumières de New York. Toute cette baise nous avait donné faim. J'ai commandé un repas digne d'un condamné à mort au *room service*. Champagne et huîtres. Tekhita était une petite gonzesse du ghetto, elle n'avait jamais bu de champagne. Elle ne connaissait que la bière maltée Old English. Elle n'avait jamais mangé d'huîtres et voulait commander de la mayonnaise et du ketchup pour les assaisonner. Je l'ai laissée somnoler. Je suis descendu à la réception et j'ai payé cash la chambre, le dîner, le minibar et le petit déjeuner du lendemain.

J'ai roulé jusqu'aux Heights rejoindre Alice. On a fait l'amour toute la matinée. Musicalement, on était passés de Camille Saint-Saëns au Velvet Underground. Jamais entendu parler de ce groupe auparavant. J'ai grandi avec la musique de Grandmaster Flash, Sugarhill Gang et Kool Moe Dee, sans oublier tous les disques de folk klezmer que mon paternel écoutait sur sa platine. Dans l'après-midi, j'ai retrouvé Laura. On est allés à la patinoire Wollman à Central Park. On s'est bien marrés. Après je l'ai ramenée à Brownsville chez mon père et je crois qu'elle n'en a pas cru ses yeux. On est passés du mouchoir de soie de Manhattan à la jungle de Brooklyn, c'était trop pour elle. Choc thermique. Officiellement je vivais encore chez mon père, même si je passais la majeure partie de mon temps dans l'appartement de feu mon oncle, qu'Abe sous-louait. Je me disais qu'il était temps que je me trouve ma propre piaule. On a baisé dans ma chambre d'adolescent pendant que mon père écoutait des vieux disques du Rat Pack. Après chaque coup, la clique faisait profil bas. Le lendemain j'ai jeté un œil aux titres du *New York Post*. Rien sur notre ami A.G. et son fils. Normal. C'est d'ailleurs pour cela qu'on braquait des dealers. Ils ne portaient jamais plainte. »

J.J.

LeFrak City – 1990

Tequila a fait passer le mot dans la rue. Elle a une balle pour J.J. Glover et Grady, Malkovitch et Ramirez sont sur les dents. D'autant que les stups s'intéressent de plus en plus à cette *crack house* tenue par des filles juives. Glover et Malkovitch ont eu une violente altercation sur le parking d'un 7/11. D'après J.J., Glover et Grady ont jeté de l'huile sur le feu : « Ils sont allés dans leurs quartiers et leur ont dit que je préparais une nouvelle attaque. Ils savaient que Tequila se baladait avec un .22, mais ils ne l'ont pas arrêtée. C'est pour ça que Glover et Malkovitch en sont presque venus aux mains. Malkovitch voulait embarquer Tequila, mais les deux salauds l'en ont empêché. Après ça, Tequila se vantait partout dans le quartier d'être protégée par les flics. C'est comme si ces enfoirés lui avaient délivré un permis de tuer. Je n'étais pas au courant de toutes les casseroles qui traînaient un peu partout au cul des flics de l'antigang, mais j'ai vite compris que Grady et Glover avaient des dossiers sur Malkovitch. Il était pieds et poings liés. Dans Corona, tout le monde me conseillait de partir, de partir loin du Queens. Mais je ne voulais pas m'enfuir, et surtout pas sans avoir amassé un petit magot. »

Il semble que les jours de J.J. soient comptés. La mort de Viper et les menaces de Tequila l'ébranlent profondément. Les filles du gang fourguent du crack 24 h/24. Mais ce qui devait arriver arriva. Un matin, une fille squelettique tape à la porte. Une Blanche, cadavérique, qui flotte dans un jean et un blouson Carhartt kaki. C'est Rachel qui ouvre la porte. Elle l'installe dans une espèce de petit cagibi qui sert de salle d'attente. J.J. est au fond de l'appartement, à conditionner le crack dans les fioles. Il y a aussi six autres filles, le noyau dur du gang, qui scandent sans relâche son slogan hardcore. « *Live by the rules. Die by the rules.* » La cliente a la tremblote, ses fringues sont crades, ses cheveux gras et crasseux, elle attend sa double dose, 10 dollars de résidu cristallisé de cocaïne. J.J. jette un œil à la fille, puis file deux doses à Rachel, qui s'approche. Au moment où le billet de dix disparaît dans la poche de la chemise en jean de Rachel et où le caillou tombe dans celle de la fille, un éclair argenté jaillit et illumine le cagibi mal éclairé. La fille maigrichonne agite un badge des stups d'une main et tient fermement la crosse d'un Glock de l'autre. « Police ! À terre ! À terre ! » Rachel est plaquée au sol et menottée. En quelques secondes, c'est la panique. Les autres filles s'agitent dans tous les sens. On entend des bruits de pas qui se rapprochent dans l'escalier. La cavalerie va débarquer dans quelques instants. La fille maigrichonne file au fond de l'appartement alors que J.J. a déjà passé la moitié de son corps à travers la fenêtre et attrape la rampe de l'escalier de secours. Les stups jaillissent dans l'appartement et le gang est pris au piège. Comme des rats. J.J. n'a même pas eu le temps d'embarquer le .22 posé sur la table de la cuisine. « La fille des stups n'arrêtait pas de gueuler : "Arrête-toi. Arrête-toi." Je savais qu'elle ne pouvait pas me tirer dans le dos alors j'ai continué à courir. Elle courait vite pour une maigrichonne. En fait elle devait s'entraîner tous les jours. Ce qui n'était pas mon cas. J'ai très vite eu un point de côté alors que je traversais la voie express. Elle était toujours derrière moi, à donner des infos sur ma position dans son talkie-walkie. J'entendais au loin les sirènes de police. Je suis rentrée dans une épicerie pour ressortir par la porte de service. La championne était toujours à mes basques. Au coin de la 97th et de Corona Avenue, une voiture a foncé sur moi. Je me me suis dit : *Ça y est ma poule, t'es cuite*. Je m'attendais à ce que des stups avec des coupe-vent de la police de New York jaillissent de la caisse comme des ressorts, mais je m'aperçois que ce n'est pas une caisse de stups. Pas de gyrophare. Pas de sirène. Dans mon dos, la fliquette court toujours et hurle. La portière côté passager s'ouvre et je vois Tequila pointer un 9 mm dans ma direction. Elle est sur le point de tirer quand la championne de course fait aboyer son Glock deux fois. Tequila s'écroule lentement, presque au ralenti, et le conducteur redémarre direction Corona Avenue, mais il est bloqué par deux vans. Les portes coulissantes glissent dans un bruit sec et menaçant, larguant leur cargaison de flingues, d'insignes, de badges et d'adrénaline assermentée. » La championne de course ne sait plus si elle doit menotter J.J. ou porter secours à Tequila. J.J. sent la confusion et se remet à courir sur la 97th Street. Elle trace jusqu'à National Street, la stup toujours sur ses talons. Un métro aérien arrive. Si J.J. le chope, alors la fliquette est baisée dans les grandes largeurs. Elle va chercher dans ses dernières réserves pour monter les escaliers quatre à quatre. Il est 10 heures du matin et il y a pas mal de cols bleus qui vont au boulot. La sprinteuse essaie de contourner un groupe d'ouvriers, mais glisse et se retrouve les quatre fers en l'air. J.J. saute par-dessus le tourniquet et un agent en uniforme braille. La rame est sur le quai, prête à partir dans quelques secondes. J.J. s'y précipite comme si elle était poursuivie par un bataillon de SS. Les portes se referment. La championne est folle de rage et offre son majeur bien raide à J.J. L'agent aboie des trucs dans sa radio. « Je l'avais échappé belle. Parano, j'ai pris des tas de correspondances pour semer d'éventuels poursuivants et je me suis retrouvée à Coney Island. Dans la même journée, les flics avaient bouclé ma baraque à crack, arrêté mon gang et j'avais échappé à une tentative de meurtre. Ainsi qu'à la prison. J'avais eu de la chance. »

Tequila ne peut pas en dire autant. La fille des stups est une excellente sprinteuse doublée d'une excellente tireuse. La balle a touché Tequila en pleine tête, la tuant sur le coup. La sprinteuse est maintenant dans le bureau des gars des IA (*Internal Affairs* – la police des polices) et doit s'expliquer. Juste pour la forme et la paperasse, car les stups présents ce jour-là sur la 97th livrent le même témoignage : Tequila a sorti un 9 mm et visait le suspect après lequel l'officier Laura Johnson courait. Et sortir un 9 mm dans une rue qui commence à être envahie de flics de la brigade des stupéfiants est une erreur qui peut coûter la vie à New York.

J.J. se retrouve dans les boyaux fétides de Brooklyn avec 20 dollars en poche, une tablette de chewing-gum à la menthe et trois jetons de métro. Au même moment, les stups perquisitionnent l'appartement de sa mère et y foutent un bordel monstre. Malkovitch passe même quelques heures plus tard pour la réconforter et lui demander de l'appeler si sa fille tente de la contacter. Une trafiquante de drogue en cavale et potentiellement armée, ce n'est pas très bon. Ça rend les flics nerveux. « Je ne savais pas quoi faire. J'avais une cousine qui habitait à Brighton Beach et je suis partie là-bas, sonner à sa porte. Elle vivait avec son mari, un Juif russe professeur de comptabilité dans un lycée professionnel. Un couple religieux. Il y avait plein de gravures représentant le rabbin Israël de Salant sur les murs. Ma cousine Gudel m'a servi un thé et m'a demandé comment j'allais. Ça faisait des années que je ne l'avais pas vue. Comment j'allais ? Je venais juste d'échapper à la justice divine des Latin Kings, j'avais la moitié des stups de New York au cul et je risquais dix à vingt-cinq ans de prison pour trafic de cocaïne. Alors ouais, j'allais bien. Tu parles que j'allais bien ! Bien sûr, je ne lui ai pas révélé tous les détails. Je lui ai dit que j'avais besoin d'un lit pour quelques jours, le temps de rebondir. Un peu après, Andrei, son mec, s'est pointé et a tout de suite compris que quelque chose de pas très hébraïque se tramait. Il a disparu un moment dans la chambre conjugale alors qu'il avait dit à Gudel qu'il allait se préparer une tasse de thé. La cavale excitait ma parano naturelle. Je me suis levée et j'ai marché vers la porte, non sans avoir remercié Gudel. J'ai ouvert et j'ai pris les escaliers. Pas question d'être coincée dans l'ascenseur. J'avais peut-être cinq minutes. Pas plus. Je suis sortie du bâtiment et j'ai entendu le bruit des sirènes. J'ai marché tranquillement, j'avais au moins 500 mètres d'avance sur les flics, qui se précipitaient tous dans le HLM. J'ai continué jusqu'à Stillwell Avenue et me suis acheté un truc à la *bodega*. Et là je me suis fait draguer par un jeune type en tongs, merde, on était en plein février et il gelait. On l'appelait Angel dans la rue et il venait de sortir de Rikers où il avait purgé une peine pour braquage. Trois ans. Il habitait dans les HLM O'Dwyers à Coney Island avec sa mère et son fils de 5 ans. Il en avait lui-même 21. Ce type me plaisait. Il était beau gosse, drôle et loin d'être con. Je lui ai dit que j'étais en cavale. Il était en conditionnelle. Ça le faisait pas, mais ça ne l'a pas rebuté d'héberger une fugitive. »

ETHAN HOROWITZ

Starrett City – 1993

Janvier 1993, la clique fait un autre coup. Elle détrousse un dealer dominicain de Washington Heights, Jabes Emmanuel Correa, alias Machine Gun. 500 000 dollars nets d'impôt. « On avait toujours le même *modus operandi*. Usage de la violence très limité même si Abe a dû mettre quelques coups de crosse à Machine Gun parce que vous imaginez bien que ce genre de mec offre quelque résistance à l'adversité, aussi lourdement armée et organisée soit-elle. » Quand ils déversent le contenu des sacs sur le lit d'Ethan à Starrett City, la clique en a le souffle coupé. Un demi-million de dollars. « Je me souviens de la gueule de Machine Gun quand je lui ai dit que ce n'était pas personnel, qu'on était le bras armé du Trésor américain, les chevaliers blancs et incorruptibles de l'IRS, les dieux de la foudre qui frappaient quiconque violait les tablettes de la loi fédérale. J'avais 125 000 dollars pour moi. Je les ai ajoutés aux autres billets que j'entreposais dans mon box. J'avais l'impression d'être riche. J'ai quitté Laura pour commencer quelque chose de sérieux avec Alice. On passait du bon temps ensemble. Et puis un jour Abe m'a appelé pour m'annoncer une terrible nouvelle : Kid Curry s'était ouvert les veines dans sa baignoire.

Comme il n'avait aucune famille, Abe m'a demandé de venir avec lui identifier le corps à la morgue. Curry était le deuxième mort qu'on avait en commun après l'oncle David. Ça renforçait nos liens. En voyant le corps sur la table métallique dans la salle des frigos, je me suis dit que Kid Curry n'avait jamais été aussi beau. On aurait dit un de ces poètes romantiques et maudits français dont on nous parlait à l'école. Rimbaud. Baudelaire. J'ai lu quelques bouquins en prison. On a retrouvé le testament du Kid sous son lit, un soir glacial de janvier. Il nous léguait sa fortune et indiquait sa planque, en l'occurrence son atelier de peinture. Il souhaitait tout particulièrement me laisser ses dernières toiles, que je trouvais sublimes. Quelques-unes représentaient et magnifiaient Brooklyn sous la neige, dans la grisaille hivernale, d'autres étaient des portraits hantés d'Alice, qui a été très affectée par la mort du Kid qu'elle connaissait depuis quelques années déjà. »

Ethan, Elzy, Abe et Alice organisent de belles funérailles pour Kid Curry. Ils lui ont choisi un caveau au cimetière Maïmonide pas loin de Jamaica Avenue et de Cypress Hills, et n'ont pas lésiné sur les dépenses. Du marbre, de l'argent et quelques tableaux du Kid, protégés par du verre et de l'acier, le tout incrusté dans la structure du caveau. Un poète, un peintre, un braqueur de dealers, un enfant de New York gît là pour l'éternité. « Le rabbin a récité la prière des morts à contrecœur parce que le Kid s'était suicidé et a tiré la gueule quand on a versé le contenu de nos bières Old English sur le sol. Je priais un Dieu auquel je croyais à moitié de ne plus avoir à enterrer un frère d'armes, un *soul brother*. Dieu m'a répondu en nous envoyant de la neige drue et compacte. Toute cette neige qui tombait sur le cimetière juif du fin fond de Brooklyn, c'était comme dans une toile du Kid. Dieu m'envoyait un signe. Les jours passaient et je sombrais de plus en plus dans la mélancolie et la dépression. Je ne voyais plus la clique, Alice, ni mon père. Je restais cloîtré dans mon appartement, à mater les toiles du Kid et à faire des avions en papier avec des billets de 20 dollars, en écoutant la bande originale de *Shining* en boucle. Vous vous souvenez que je vous ai expliqué que l'on braquait les dealers parce qu'ils ne portaient pas plainte ? Et vous vous souvenez de ce type de mon quartier d'enfance à Brownsville, O.J. ? Le mec qui avait organisé une fête pour mon retour, là où j'ai rencontré Tekhita pour la première fois ? O.J. à qui j'avais raconté l'anecdote de la cité Queensbridge, quand j'ai piqué cette Crown Vic aux flics et que j'ai taxé un joint à des grosses racailles en me faisant passer pour un type du fisc ? Comme New York et le monde sont petits, O.J. avait raconté l'histoire à un type qui connaissait un type qui connaissait le frère du dernier samaritain de cette ville : j'ai nommé Andre the Giant. Il a fait le lien avec les autres braquages. L'histoire avait tourné : le bras armé du Trésor américain, quatre salopards qui détroussaient des dealers dans Brooklyn et le Queens. Je croyais qu'O.J. était muet comme une tombe, mais je me suis trompé. J'ai appris tout ça après, bien sûr. Un mercredi après-midi, je rentrais de Prospect Park, une Old English dans un sac en papier, bourré de chez bourré, et je n'ai pas entendu le moteur du break familial. Deux mecs vraiment baraqués m'ont chopé au niveau du cou et sous les bras, et m'ont poussé sur la banquette arrière. J'étais vraiment trop murgé pour essayer de me défendre. Puis ils m'ont mis des pains dans la gueule, des pains de boxeur. Je suis tombé dans les pommes et on a roulé pendant je ne sais pas combien de temps. Quand je me suis réveillé, j'étais à poil sur une chaise, les mains et les pieds attachés avec des cordes, et j'avais la sensation que mon visage avait triplé de volume. Les deux malabars m'ont torturé du soir au matin, tandis qu'A.G. me demandait où j'avais planqué son fric et où se trouvaient mes complices. Il m'a montré une photo de son fils. Quatre côtes cassées pendant le braquage. Dieu merci, le môme avait survécu. A.G. ne pardonnerait jamais à la clique d'avoir mis son fils en danger. Ils m'ont mis des électrodes sur les couilles et arraché quelques ongles, comme s'ils venaient de voir un documentaire sur les techniques d'interrogatoire sous la dictature de Pinochet. J'ai souffert le martyre, mais je n'ai pas lâché la moindre information. Pas parce que je suis un héros ou un dur, mais parce que je ne voulais pas salir la mémoire de Kid Curry. Ces salopards étaient capables d'aller pisser sur sa tombe, à Maïmonide. A.G. et ses gars se seraient fait une joie d'aller violer Alice. Parce que derrière le costard de l'oncle Tom se cachait une ordure finie de plus. Ils m'ont balancé à moitié mort dans une décharge de Cypress Hills avant de me tirer une balle dans le dos. Je ne sentais plus mes jambes. Ce sont des éboueurs qui m'ont trouvé et qui ont appelé les secours. J'étais pas beau à voir. Une ambulance hurlante m'a ramené aux urgences de Jamaica où ils ont un excellent service de chirurgie pour les blessures causées par armes à feu. Quand je me suis réveillé, vingt-quatre heures plus tard, un médecin m'a annoncé que j'étais paraplégique. La balle m'avait bousillé la moelle épinière. Je ne pourrais plus jamais marcher de ma vie. J'ai réalisé que tout le fric que j'avais planqué ne pourrait jamais me rendre la mobilité de mes deux jambes et j'ai chialé tout l'après-midi comme un mioche. Et puis les flics ont commencé à me cuisiner. Je leur ai dit que je n'avais pas la moindre idée de l'identité des types qui m'avaient fait ça. Ils ont checké mon casier judiciaire. Trois ans à Rikers pour vol de voiture. Libéré en 1989. Ils voulaient savoir ce que j'avais fait ces quatre dernières années. Je ne pouvais pas leur raconter que j'étais égoutier à ceux-là. Comment je gagnais ma vie ? Comment je payais mon loyer ? Je ne leur ai pas parlé de mon appartement. J'ai dit que je vivais toujours chez mon père, à 21 ans révolus. Mon père a tout confirmé et puis quand les deux flics de la criminelle sont partis, il s'est effondré en larmes. Le Nord offrait deux options : la prison ou l'université. Personne n'avait envisagé l'option hôpital et chaise roulante. Abe et Elzy sont venus me rendre visite et je leur ai fait comprendre qu'A.G. ne pourrait jamais remonter jusqu'à eux. Les deux flics les ont interrogés dans le couloir pendant une vingtaine de minutes. Je crois qu'Abe a été traumatisé de me voir comme ça, sur un lit d'hôpital. Il a quitté l'État de New York et je ne l'ai plus jamais revu. Quant à Elzy, il s'est fait descendre par un mari jaloux. Elzy baisait sa femme depuis des années. Alice est venue me rendre régulièrement visite à l'hôpital. Et puis un jour elle n'est plus venue. Mon karma puant me revenait en pleine face, comme un boomerang. Les flics ont cessé de me harceler et une matrone en blouse blanche m'a montré comment me débrouiller avec un fauteuil roulant. J'ai donné à mon père la clé du box et il s'est occupé de payer les factures et tout l'équipement du handicapé moteur. Je me suis offert la Ferrari des chaises roulantes. Électrique et supermaniable. Je ne pourrais plus jamais voler ni conduire de bagnole de ma vie, alors autant s'amuser à piloter ce machin. Mon père et moi n'étions plus en sécurité à Brownsville, donc on s'est installés dans l'appartement de Starrett City en attendant de trouver un plan. »

ILL BILL & GORETEX

Manhattan – 1992

C'est Bill qui, sans le vouloir, va créer l'identité du mouvement *goon*, la version gore et semi-automatique du « nègre blanc » de Norman Mailer. Dans tout Brooklyn, de petites frappes se mettent à rapper et à se reconnaître dans ce mouvement. « Le mouvement est, à la base, lié à des voyous juifs des cités, mais regroupe en fait pas mal de Blancs déclassés et de Noirs inclassables, rappelle Bill. En 1992, j'écumais les clubs genre ACME à New York avec mon frère et Goretex. Quelque chose se passait sur la scène du rap underground. » Bill comprend qu'il a du talent, et que la rime peut être une alternative au crime. « Dans le quartier, être un criminel, c'était un peu la norme. La seule alternative, honnêtement, au début des années 1990, pour un type du ghetto, c'était la dope ou le vol. On voyait les groupes percer et faire leurs trucs. Mais sans vouloir jouer la carte Victime, le fait qu'on soit blancs et juifs ne nous a pas aidés. Oublie pas qu'Eminem est arrivé à la fin de la décennie et que c'est nous qui avons essuyé les plâtres. »

À 19 ans, Ill Bill est un jeune adulte qui essaie de rester à l'écart des ennuis. Les embrouilles avec les Decepticons l'ont épuisé. Il essaie de monter son propre groupe. Pas forcément avec son frère. Les frangins sont indépendants. Ill Bill s'est fait des potes à force de fréquenter le club L'Amour à Brooklyn, et il apprécie particulièrement l'état d'esprit de l'un d'eux, Mitchell Manzanilla, un métis italo-portoricain de Long Island, mais côté HLM, fondu de black metal et de groupes de trash obscurs. Il ne s'appelle pas encore Goretex et se cherche un nom. C'est un spécialiste de l'école buissonnière. Il a loupé soixante-huit jours d'école à l'âge de 12 ans parce qu'il avait créé son propre fanzine, *Graphic Violence*. « Je me suis retrouvé avec ces deux *thugs* juifs qui lâchaient du Slayer à fond la caisse dans les HLM de Brooklyn en plein conflit avec les Decepticons et je me suis dit : "Oh merde... Voilà des gars avec qui je vais m'entendre." » Il s'achète du matos et passe son temps à faire des découpages et à photocopier. Un jour, il est reçu par Borivoj Krgin, un journaliste spécialisé dans le metal et manager du groupe Atheist, qui l'invite dans son bureau et lui montre la pochette de l'album *Piece of Time* du groupe, avant que l'album ne sorte. Gore n'en revient pas. Débrouillard, il se dégotte des interviews de membres de groupes comme Immolation, Testament ou encore Atheist. Il se considère comme un *white trash*, un Blanc déclassé, dont la famille a été envoyée dans les cités parce qu'elle ne pouvait pas avoir sa propre maison avec la bannière étoilée sur le fronton de la porte. Dans le quartier, les gonzes qui vendent de la drogue se rêvent rappeurs et les rappeurs se voient bien devenir apprentis gangsters. « C'était la confusion totale, lâche Bill. Tous ces mecs voulaient décrocher un deal en maison de disque. En même temps, des gros dealers investissaient sur des artistes comme sur des poulains et blanchissaient le fric de la drogue. De grosses équipes se composaient sur le marché de la drogue. Les Jamaïcains contrôlaient les *crack houses* de Brooklyn. De mon côté, je pensais : *Mais où est le rap underground ?* Il n'y en avait pas. Il y avait des putains d'artistes : A Tribe Called Quest, Kool G Rap, Public Enemy, les Geto Boys, mais ils étaient tous signés en maison de disque et n'avaient pas cette approche indépendante comme dans le black metal. Parce qu'au final, les gars grandissent dans le ghetto et veulent du fric. Les metalleux sont issus de la classe moyenne blanche et sous anxiolytique. L'indépendance, pour eux, c'est juste l'alternative à la TS. » Tentative de suicide. Bill et Gore se voient de plus en plus souvent. Necro regarde cet embryon de groupe un peu de loin d'abord, puis commence à penser qu'ils peuvent faire quelque chose, s'ils se bougent le cul et trouvent de bons producteurs, et peut-être un gars pour les paroles.

Ill Bill et Goretex démarchent les labels toute la journée à Manhattan. À la nuit tombée, Gore rentre à Long Island et Bill rejoint la cité en métro. Jamais il n'y a eu autant de crack dans la rue. Les bancs sont infestés de rats du ghetto et de requins. Un type négocie le prix d'un flingue. Son origine surtout. S'il y a un corps au bout du canon ou si l'arme n'a jamais servi. Les gonzes saluent Bill comme s'ils rentraient d'une lointaine campagne militaire. Ils savent qu'il a passé la journée à essayer de refourguer ses maquettes et ses démos, qu'il se bouge le cul pour ne pas avoir à poser le sien sur un banc à attendre le client. Dans l'appartement, Necro cherche des boucles. Un coup de feu retentit au loin. Bill allume un gros joint. La journée a été rude. Les labels n'ont pas été très réceptifs et MC Serch est injoignable. « Est-ce qu'il fallait retourner sur le banc et faire ce que j'avais à faire ou continuer à démarcher ? Cette question me torturait. Je ne savais pas trop dans quelle direction aller. Necro me conseillait toujours de continuer à faire de la musique et d'aller voir ces putains de labels. » À l'époque, les Blancs n'étaient pas à la mode. Gore connaît ce type, un rappeur juif de Brooklyn, MC Serch, qui rappe depuis 1986 et a déjà sorti deux albums. La principale activité de Serch, c'est de tailler des costards verbaux aux *wack MC* – rappeurs de pacotille – depuis la base du PS 163 à Brooklyn, lieu qui n'a rien d'une école publique contrairement à son nom (PS pour *Public School*), mais est un temple de la culture underground à New York. Serch s'est allié à un étudiant en poésie de l'université Columbia, Pete Nice (qui anime une émission hip-hop sur la radio WKCR), pour monter un groupe avec un DJ noir, Richie Rich, sous la houlette d'un mentor, Sam Sever. Gore ne jure que par Serch. Mais dur d'obtenir un rendez-vous. « Merde. C'était tendu. Et pendant ce temps on crevait la dalle, lâche Bill. La rue nous tendait ses bras puants. On pouvait sentir l'odeur du crack sous chaque mètre carré de ce putain de bitume. Serch se concentrait sur sa propre carrière et la première fois qu'on l'a rencontré, il nous a dit : "Les gars, je ne suis pas encore assez introduit dans ce *game* pour vous aider. Il va falloir patienter." Pour nous le *game*, c'était la dope. Et on s'est rendu compte que le *crack game* et le *rap game* avaient les mêmes règles. » Bill et Gore affinent leurs techniques d'écriture en attendant de pouvoir bosser avec Serch. Dans le rap comme dans le crack, les candidats au rêve américain ont besoin d'un mentor. Il vous faut toujours quelqu'un pour vous mettre le pied dans le circuit.

Bill et Gore ramènent tout le temps de la musique à la baraque. Ils sont à la recherche de boucles, de loops, de samples, d'échantillons. Il y a ce groupe du Bronx, Diamond and the Psychotic Neurotics, qui vient de sortir son premier album, *Stunts, Blunts and Hip Hop*, et Bill a retenu une ligne marquante sur ce disque : « *See I write my own rhymes, produce my own shit / Yeah boy I ain't the one to fuck with* », sur le morceau *Best Kept Secret*. Les titres de l'album le rendent dingue, comme *Sally Got a One Track Mind*. Le rap de 1992 fracture les tympans de l'auditeur. Un duo de Brooklyn, Gang Starr (Guru et DJ Premier), vient juste de sortir son disque, *Daily Operation*. Les morceaux scintillent et s'enfilent comme des perles dans les circuits auditifs. C'est la musique parfaite pour rouler un blunt et admirer un coucher de soleil sur Brooklyn, sur la terrasse d'un HLM, et contempler le spectacle des métros aériens rouler au loin, comme des mille-pattes mécaniques et bariolés. Les vinyles pèsent une tonne. Pete Rock et C.L. Smooth, deux types de Mount Vernon, ont récupéré l'âme que les musiciens blancs ont volée aux Noirs et restituent le tout karmique dans un disque infectieux : *Mecca and the Soul Brother*. Necro adore la chanson qu'ils ont écrite pour un de leurs amis décédés, *They Reminisce Over You (T.R.O.Y.)*.

Les deux apprentis MC se constituent un univers aussi sonore que visuel. Dès 1992, Bill est fasciné par les théories du complot et les hélicoptères noirs. Les extraterrestres et Roswell, avec en background un complexe militaro-industriel qui tente d'asservir l'espèce humaine. *Soleil vert* est l'un de ses films préférés. Les obsessions de Gore sont mystico-eschatologiques, encore influencées par son immersion dans le dark metal. « Je voyais les signes du Malin partout. *Le Sabbat dans Central Park*, *Rosemary's Baby*. Avec des trucs plus sociaux comme *Panique à Needle Park*. C'était mon univers en 1992. » Ils veulent se démarquer des autres rappeurs. Quitte à ramener quelque chose de *weirdo*, de chelou, d'excentrique, de sulfureux. Tout en gardant un pied dans les cités de Brooklyn. L'oncle Howie leur dit de ne pas lâcher l'aiguille. Car tout est question d'aiguillage dans ces *badlands* new-yorkais.

J.J.

Brighton Beach – 1990

« Je suis tombée amoureuse. Il était du genre dragueur et avait deux enfants de deux femmes différentes. Il cherchait un programme de réinsertion. Il adorait le jardinage qu'il avait appris à Rikers et voulait ouvrir sa petite affaire de botanique. » J.J. ne parle pas d'herbe riche en THC, mais d'une entreprise légale où les fleurs pousseraient sous le soleil chaud de Coney Island. Elle s'installe au cinquième étage des O'Dwyers Houses, dans un petit mais très chaleureux trois-pièces. Simone, la mère d'Angel, s'occupe de son intérieur comme personne. Elle a passé ces trois dernières années à veiller sur Malik, son petit-fils, pendant qu'Angel moisissait en taule. Simone a ramené Malik au parloir tous les quinze jours pour que le petit puisse voir son père « même si j'étais dans une cage », disait Angel. Au début il ne voulait pas que Simone vienne avec Malik parce que l'idée que le gamin puisse le voir derrière les barreaux lui répugnait. « Mais ils avaient une espèce de crèche à Rikers dans laquelle les parents pouvaient avoir un peu d'intimité avec leurs enfants, loin des parloirs bruyants. » Angel a une gueule d'ange. Moitié afro, moitié portoricain, avec de grands yeux verts, il faisait chavirer le cœur des filles et s'était vite retrouvé avec un bébé par-ci et un bébé par-là, poursuivi pour abandon du domicile familial par Rhonda, la mère de son premier fils, Melvin, tandis que la mère de Malik les avait laissés en plan, le bébé et lui, pour aller vivre dans l'opulence avec un dealer originaire de Polo Grounds à Harlem. Le bébé avait 3 mois quand Angel, dégoûté de la vie, avait braqué un épicier à quelques blocks de chez lui, pour la misérable somme de 110 dollars. « Il a tiré trois ans pour 110 dollars. Le juge l'a allumé. Il avait braqué le Coréen avec un calibre .22, mais il ne lui aurait jamais fait de mal. Angel n'aurait pas fait de mal à une mouche. À Rikers, il a fait profil bas et s'est occupé de ses oignons. Il n'a jamais eu d'ennuis. »

Les terrains de basket des O'Dwyers et des Coney Island Houses (et d'autres cités de Coney Island) fournissent à la NBA beaucoup de joueurs stars. Angel est un grand gaillard (1,92 mètre pour 90 kilos selon le dossier anthropométrique de l'identité judiciaire de la ville de New York) et il aimait faire rebondir la balle sur l'asphalte des *playgrounds*. Quand on vit dans ce genre de quartier, on se dit qu'on peut en sortir par la dope ou le ballon orange. Angel jouait dans l'équipe du lycée et un sélectionneur était même venu le voir dribbler dans les HLM de Coney Island. Et puis il s'est niqué le genou. C'était stupide. Il était timide dans la vie, mais arrogant sur le terrain. Son genou le lançait depuis des mois, mais il n'avait pas consulté de toubib. Pas fait de radio. Pas assez de fric pour tout ça sans assurance-maladie. Ses rêves de basket et de NBA s'étaient brisés contre le grillage d'un terrain de jeu. Il avait eu son premier gamin au lycée. Sa mère travaillait comme femme de ménage à Manhattan pour le salaire minimum. La NBA ne l'aurait pas recruté avec sa blessure au genou, mais la rue embauchait. Pas besoin de CV. Les dealers lui faisaient de l'œil, mais il ne voulait rien avoir à faire avec la came. Elle avait détruit son père. C'est alors qu'il avait planifié ce braquage foireux.

J.J. se plaît à vivre dans l'appartement, avec Angel, Simone et le bébé. Elle promène Malik dans sa poussette et l'emmène prendre l'air sur la promenade en bois Riegelmann. Un jour de mars, J.J. et Angel se baladent en amoureux quand ils croisent une bande de jeunes Ukrainiens. L'un d'eux fixe J.J. et lâche un tonitruant « *nigger lover* ». Les couples mixtes sont rares sur la promenade. À Brooklyn, en 1990, c'est encore chacun chez soi. Les Russes avec les Russes, les Afros avec les Afros. Le couple détonne dans le paysage. « Angel a frappé le type qui m'avait traitée de fille à nègre. Il l'a frappé à la mâchoire. J'ai entendu un bruit horrible et le type est tombé par terre. Les deux autres lui sont tombés dessus et, putain, je me suis jointe à la baston. C'était épique. Je me suis pris des coups, Angel aussi et, Dieu merci, le bébé n'était pas avec nous. J'avais peur que les flics rappliquent alors on s'est barrés rapido de la promenade pour rentrer chez nous. Angel n'était pas un bagarreur ou un type qui cherchait des ennuis, bien au contraire, mais je crois qu'il a été blessé, ce jour-là, à cause de ce que ces types ont dit. » Une semaine plus tard, alors qu'Angel traverse le parc de retour de l'épicerie, une Buick immatriculée dans le New Jersey roule lentement sur le bitume. Trois gonzes dans le véhicule, et ils ne sont pas venus dans les O'Dwyers Houses pour une visite de courtoisie. La voiture freine au niveau d'Angel et un des deux types sur la banquette arrière lui tire une balle dans la tête et deux dans le torse. Sur le cadavre, les flics de la criminelle retrouvent une bouteille de Snapple, un exemplaire du *New York Post* et une édition de poche du *Herbarium Handbook* de Geltman, Bridson et Forman. La trace d'Angel sur terre se réduit aux contours d'un corps dessiné à la craie. « J'ai tout de suite compris que c'étaient les Russes qui avaient fait le coup. On s'était embrouillés avec les mauvais gars. Probablement des mafieux. Quand les flics sont venus interroger la mère d'Angel, je me suis cachée dans la chambre de Malik jusqu'à ce qu'ils partent. Ni Angel ni moi n'avions parlé de l'altercation avec les Russes à Simone. Elle passait ses journées à pleurer. Elle disait que les flics pensaient que la mort de son fils avait un rapport avec le trafic de drogue dans les HLM. Mais elle savait qu'il ne dealait pas. Je le savais aussi. C'était injuste de penser ça. Mais vous savez comment sont les flics de New York quand ils doivent résoudre des affaires de meurtre dans les ghettos. Le coupable d'aujourd'hui sera la victime de demain. » Les flics comptent sur le libre accès aux armes et la *poetic justice* – le glaive du dieu du ghetto qui finit toujours par s'abattre sur la tête des méchants – pour retrouver les coupables étendus dans des flaques de sang à l'ombre des murs d'un HLM. La vie d'un Noir ne vaut pas grand-chose dans le ghetto du point de vue de la police. Face à la douleur qui dévaste Simone, J.J. décide de tout lui raconter. « Sa réaction m'a horrifiée. Elle m'a accusée d'avoir tué son fils, elle disait qu'il s'était fait tuer à cause d'une salope blanche. Elle était sur le point d'appeler les flics pour qu'ils prennent mon témoignage et je me suis enfuie, sans même pouvoir embrasser Malik une dernière fois. Je n'ai pas pu assister à l'enterrement d'Angel. J'ai quitté Brooklyn une heure plus tard. »

J.J. prend un train de banlieue direction White Plains, au hasard, parce que le nom sonne bien, qu'il évoque la forêt et les pins, la campagne et le dépaysement. Parce qu'elle doit mettre des kilomètres entre elle et New York. Dans les toilettes du train, elle observe longuement son visage, retire son sweat-shirt et sa parka. Chaque tatouage sur sa peau lui rappelle un épisode de sa vie. Elle pleure longuement. Quand le train arrive en gare, elle comprend que sa vie ne sera plus jamais la même. Elle est SDF dans une ville où elle ne connaît personne et n'a plus que 5 dollars en poche.

Les semaines qui suivent, elle dort dans des *shelter*s – des refuges pour sans-abri. Pour manger, elle va à la soupe populaire du quartier. C'est là qu'elle fait la connaissance de Sam Woods, un ancien taulard qui a trouvé la lumière de Dieu en prison, ainsi qu'un job d'ouvrier sur le chantier d'une église en réfection. « Une gangsta juive du Queens recueillie par un chrétien *born again* d'une bourgade provinciale de l'État de New York, White Plains. C'est un peu ce que j'étais. » Sam a 40 ans, quelques tatouages d'ancien détenu, pas toutes ses dents et est décidé à ne plus jamais tomber dans les pièges tendus par le Malin. « Il s'était intégré dans cette communauté de travailleurs qui lui avait donné une deuxième chance. Et il voulait faire la même chose avec moi. Mais je ne voulais pas lui porter la poisse. Je pleurais toutes les nuits la mort d'Angel. Sam m'a trouvé des faux papiers. Au nom de Judith Berkovitch. Avec ça, je pourrais traverser la frontière. Il ne voulait pas que je quitte White Plains, mais on savait tous les deux que j'étais recherchée et que je risquais dix à vingt-cinq ans de prison. » J.J. hésite entre mettre le cap au nord (Canada) ou au sud (Mexique). Les deux pays constituent des planques idéales pour les fugitifs américains. Elle ne supporte plus le froid de New York et se décide pour le sud. Sam l'accompagne. « Le plan, c'était d'aller jusqu'à Calexico, après une halte à San Diego, et de traverser la frontière entre la Californie et le Mexique. Sam a prié toute la nuit un Christ de plâtre. Un Christ qui nous protégerait durant la traversée. Des Christs, j'en avais vu des paquets, surtout en or autour des cous des dealers du Queens. J'ai récité les quelques prières de la Torah que je connaissais. »

Le lendemain, Sam cache J.J. dans le coffre de son Range Rover immatriculé dans l'État de New York, seul élément qui risque de faire tiquer les douaniers mexicains. Mais le Christ a écouté et répondu aux prières de l'aube. Les deux gardes-frontières jettent un œil distrait aux papiers d'identité du gringo et le laissent passer. Mexicali est une ville battue par des vents brûlants où un type passablement dépressif pourrait venir y mettre fin à ses jours. À des milliers de kilomètres de LeFrak City, Queens, New York. « "Et maintenant qu'est-ce que tu vas faire ?" m'a demandé Sam. J'ai regardé le désert tout autour et j'ai craqué. Je n'avais pas de fric, pas d'avenir et j'étais recherchée aux States. J'avais franchi illégalement la frontière. Sam avait une vie à White Plains. Je ne l'oublierai jamais. Il m'a donné toutes ses économies : 2 000 dollars. Il m'a aidée à choisir une voiture, une Ford, que j'ai eue pour 400 dollars et qui roulait convenablement. Puis il est parti au crépuscule. Comme un ange. »

J.J. sillonne le Mexique en se faisant passer pour une touriste. Elle traverse plusieurs États et s'installe à Monterrey dans l'État du Nuevo León. « Dans cette ville, on risquait plus de mourir dans un tremblement de terre que d'une fusillade. Je me suis trouvé un boulot de secrétaire dans une usine de bière. Ils cherchaient quelqu'un qui parlait bien anglais pour passer des coups de fil à leurs clients de l'autre côté de la frontière. Au début, j'étais terriblement malheureuse. J'avais laissé mon gang, ma famille, à des milliers de kilomètres de là. Mais de l'autre côté de la frontière, je risquais une longue peine de prison. Alors je me suis faite discrète et j'ai pris sur moi. J'ai réussi à me payer des cours à l'Institut de technologie et d'études supérieures de Monterrey sous le faux nom de Judith Berkovitch. J'ai étudié le commerce. J'ai caché mes nombreux tatouages du mieux que je pouvais et je me suis intégrée à cette fac, à cette ville, petit à petit. »

ILL BILL & NECRO

Manhattan – 1994

Les frangins se prennent l'année 1994 comme un coup de batte de base-ball en pleine tronche. L'ancien procureur antimafia Rudolph Giuliani prend le contrôle de la ville et instaure sa politique ultrasécuritaire dite « tolérance zéro ». Un programme qui s'appuie sur le principe de la fenêtre brisée, *broken window theory*, théorisé à la fin des années 1970 par le psycho-sociologue américain Philip Zimbardo. En gros, ce n'est pas la dépression économique et sociale d'un quartier qui favorise le vandalisme, mais l'absence de réparation immédiate. Si le carreau cassé n'est pas remplacé rapidement, d'autres carreaux connaîtront le même sort. En l'absence de réaction des citoyens à ce délitement urbain, l'espace commun se dégrade à vue d'œil. Giuliani recrute une armée de flics dans sa croisade contre le crime et les incivilités. « Merde. Tu ne pouvais même plus fumer ton joint dans la cité sans être harcelé par les flics de la Housing Police à vélo. On voyait des dealers avec des chaînes en or acheter des tickets de métro. On hallucinait. Je n'avais jamais acheté un ticket de métro de toute mon existence et maintenant je voyais les flics en civil coffrer les fraudeurs comme s'ils étaient les pires des criminels.

Un dealer qui fait son biz tranquillement à New York n'a pas trop envie de passer la nuit au poste pour un dollar et quelque », se souvient Necro.

Giuliani avait fait ses armes en tant que procureur chevalier blanc antimafia. Début 1985, il avait fait tomber les parrains des cinq principales familles new-yorkaises sous le coup de la loi RICO et son armada de dispositifs antigang, et avait envoyé les affranchis derrière les barreaux pour des centaines d'années. Rudy Giuliani, gamin d'East Flatbush (il a grandi dans une famille ouvrière italienne), est un incorruptible. S'il a vaincu Cosa Nostra, il peut venir à bout des gangs noirs et portoricains de New York. Quand il décide de nettoyer The Deuce, il sait que les bandes de dépouilleurs des HLM de Brooklyn, du Bronx, de Staten Island, du Queens et d'Uptown aiment fréquenter les cinémas de seconde zone et les salles de jeux d'arcade tenus par les petits entrepreneurs liés à la mafia. Les cinés pornos sont aussi gérés par Cosa Nostra. Même les marcheuses qui tapinent pour des *pimps* afros louent leur carré de bitume poisseux aux Italiens. En faisant le ménage sur The Deuce, Guiliani frappe à la fois les bandes de Noirs et de Portoricains des ghettos et les derniers vestiges de Cosa Nostra, en pleine décomposition. Le mouvement Lo-Life en prend un sacré coup. Big Vic-Lo se reconvertit en producteur musical et de nombreux *boosters* pourrissent sous les verrous. Les flics s'attaquent à un lieu mythique et symbolique de la culture urbaine new-yorkaise, la 42th, The Deuce. Bill et Necro voient leurs salles cultes fermer les unes après les autres. « C'était déprimant lorsqu'un jour on a remarqué qu'il y avait plus de flics que de putes sur The Deuce. Même les petits fourgueurs de beuh commençaient à fermer boutique. Les flics nous harcelaient non-stop. On ne pouvait même plus se regrouper dans les cages d'escalier parce que ça devenait soi-disant des attroupements. » Les flics des unités antigang importent même à New York des recettes testées à L.A. et arrêtent sans raison des grappes de jeunes qui portent les mêmes couleurs.

C'est dans ce climat d'aseptisation générale que Necro réalise sa première production, alors qu'il est étudiant en cinéma au Brooklyn College. Il a pu s'inscrire en 1994 après l'obtemption d'un diplôme équivalent au DAEU (diplôme d'aptitude aux études universitaires). Il réalise un court métrage intitulé *187 Reasonz Y*. On y suit un flic corrompu qui finit avec une balle dans la tête. 187, c'est le code que la police utilise pour désigner un meurtre. Le film ne sort officiellement que deux ans plus tard, et le département de cinéma du Brooklyn College est scandalisé, le trouve « violent », « choquant », « controversé » et « répugnant ». Necro explique avec fracas que ce n'est pas le Brooklyn College qui lui a donné envie de faire des films, mais son oncle camé, et que l'argent investi dans *187* provient de la drogue et non d'une bourse universitaire. La même année, Necro fait encore parler de lui suite à la sortie de sa première démo, *Do The Charles Manson*, beaucoup mieux accueillie que son film. Le morceau fait un tabac dans *The Stretch Armstrong & Bobbito García Show*[1]. Si on veut se frotter aux *goons*, il faut se

1. Émission de radio mythique qui dure de 1990 à 1998 sur la fréquence new-yorkaise WKCR-FM. Stretch Armstrong officiait aux platines, et Bobbito García à la tchatche et aux interviews.

rendre à Glenwood ou à Canarsie. Et si l'auditeur a trop peur, il peut alors écouter la cassette pirate de Necro, avec ses références au meurtre, au pillage, à la sorcellerie, à la traite des Blanches, aux scalpels et au crack. Pour le moment, Bill et Necro avancent chacun de leur côté, mais savent que tôt ou tard leurs chemins se rejoindront.

Ill Bill réussit enfin à capter toute l'attention de MC Serch, très occupé à lancer la carrière d'un jeune génie de la rime de Queensbridge, Nasty Nas. En 1995, Bill et Gore fondent le groupe Non Phixion, avec un autre protégé de MC Serch, Sabac Red. Sabac est né à Porto Rico et a ensuite été élevé par sa mère sicilienne dans une enclave italienne de Brooklyn, Gravesend. « Sabac, c'était un *goon* comme nous, qui avait eu des problèmes avec la justice et qui devait exprimer toute sa rage et sa colère, explique Bill. On s'est reconnus entre frères d'armes et on a monté ce groupe Non Phixion, qui rassemblait Gore, Sabac, DJ Eclipse et Serch qui faisait office de mentor. »

Le premier Maxi du groupe, *Legacy*, ne sort qu'en 1996. Serch leur sécurise un contrat chez Geffen, un très bon label de Warner, mais le deal s'enlise. Les costards-cravates manquent de faire dans leur froc quand Bill, Gore, Sabac et une dizaine de *goons* mal embouchés se pointent dans les bureaux du label. Le Maxi *5 Boros* (1997) est joué sur toutes les radios hip-hop underground et le disque se vend bien dans la ville et l'État de New York. Bill réclame une grosse

---

Tout ce que New York compte de rappeurs légendaires (Nas, Big L, Ol' Dirty Bastard, Large Pro) s'est forgé une réputation chez *Stretch & Bobbito* en venant martyriser le microphone tous les jeudis matin.

avance, arguant que le groupe a un fort potentiel dans le milieu alternatif new-yorkais. Serch fait des allers-retours entre Non Phixion et Geffen, et le dialogue a du mal à s'amorcer. Geffen n'a pas l'habitude de travailler avec des artistes qui viennent de la rue. Les négociations pour les avances sont plus houleuses que jamais et il est probable que MC Serch n'ait pas voulu griller sa carrière en défendant le groupe corps et âme. C'est pourtant un job taillé sur mesure pour lui, mais Non Phixion est une clique qui se méfie des labels comme de la peste. Ils ont encore une mentalité de petites frappes de Brooklyn et voient des arnaques à toutes les clauses du contrat qui sera finalement rompu. Voilà Non Phixion remercié, purement et simplement. Serch passe à autre chose, à contrecœur.

Le groupe continue de se faire un nom dans l'underground et continue à sortir des Maxi qui puent la cordite comme *I Shot Reagan* (1998). Plusieurs labels les approchent, dont le prestigieux Matador avec lequel ils sont à deux doigts de signer, mais la paperasse enraye le processus. C'est ensuite Rick Rubin qui les repère, le gourou du label Def Jam de groupes cultes comme les Beastie Boys ou encore Public Enemy. Puis ils prennent le chemin de Warner Brothers avec un premier album intitulé *The Future Is Now*. Mais plane comme l'ombre d'une malédiction sur ce premier album. Il ne verra jamais le jour chez Warner non plus. Est-ce que Rick Rubin s'est désisté après avoir estimé que Non Phixion ferait de l'ombre aux Beastie Boys, un autre combo de rappeurs juifs fêtards et braillards qui ont l'avantage d'être plus gérables que ces fous furieux de Brooklyn ?

Uncle Howie Records, le label tant rêvé par les deux frères et leur oncle, voit le jour en 1998 grâce à l'argent des Maxi sortis chez Geffen avant la rupture de contrat. Après tout, Bill ne fait qu'appliquer les codes du capitalisme darwiniste qu'il a appris dans le ghetto. S'ils ont pu monter leur petit commerce d'herbe, pourquoi pas monter un label ? Ils ont pas mal appris de leur passage chez Geffen, puis de leurs expériences amères chez Matador et Warner. C'est Howie qui suggère qu'on utilise sa réputation de toxico pour rendre leur univers encore plus poisseux et sulfureux et filer une véritable identité narcotique et urbaine au label. Non Phixion est le premier groupe de rappeurs à avoir baptisé leur label du nom d'un membre de leur famille. Qui plus est, une légende juive de la diaspora junkie de Brooklyn.

Necro fonde ensuite son propre label en 1999, Psycho+Logical-Records. L'année suivante, il sort son premier album, *I Need Drugs*, condensé de sa jeunesse sauvage à Brooklyn, de psychose urbaine et de délires explicites sur Satan et le sexe brutal.

Le 11 septembre 2001, deux avions s'écrasent sur les tours jumelles du World Trade Center. Les New-Yorkais sont frappés dans leur âme et leurs tripes. Ce n'est qu'un an après que le premier disque de Non Phixion, *The Future Is Now*, sort enfin sur Uncle Howie Records et devient immédiatement la pierre angulaire de la musique *goon*.

BONUS TRACK

Necro et Bill continuent de faire de la musique et multiplient les projets artistiques. Ils ont ouvert des portes pour de nombreux *white trash artists*, des petits Blancs de la zone comme Eminem, qui ne se serait jamais lancé dans le rap s'il n'avait pas écouté les premiers disques de Bill et de Necro. Les deux frères ont aussi réconcilié les amateurs de metal et de hip-hop en fusionnant les deux genres avec une crédibilité intacte dans la rue. Si Bill s'est calmé et a quitté Brooklyn, le nom de Necro apparaît toujours dans la rubrique faits divers, surtout lorsqu'il est en tournée. Arrêté à Perth en Australie pour avoir cassé la mâchoire d'un type qui lui avait clairement manqué de respect, il a plaidé coupable. Quelques mois avant, il avait provoqué une émeute en annulant à la dernière minute un concert à Vancouver. À Zurich, il passe cent heures en garde à vue pour avoir agressé un rappeur local. On peut sortir un *goon* du ghetto, mais on ne sort pas le ghetto du *goon*.

J.J. est rentrée aux États-Unis en 2006. Elle aura vécu pratiquement dix ans à Monterrey, au Mexique. À son retour sur le territoire américain, les autorités avaient mystérieusement égaré son dossier d'inculpation et elle ne fut pas inquiétée. Elle s'est installée en Californie et, aux dernières nouvelles, s'occupe d'enfants autistes.

Ethan Horowitz et son vieux père vivent quelque part dans une petite bourgade du Nouveau-Mexique. Ils gèrent une ferme de produits biologiques. Ethan s'occupe de la paperasse. Ils ont embauché deux ouvriers agricoles mexicains. Ethan continue d'écrire une lettre à Alice pour chaque Noël, lettres qui restent sans réponse. Il a fait enlever tous ses tatouages de Rikers grâce à la chirurgie laser et dit qu'il ne reviendra jamais à New York. Son temps libre, il le passe à customiser son fauteuil roulant.

PLAYLIST

Ill Bill

Série de singles repris plus tard sur *The Future Is Now*, premier album de Non Phixion, 2002

‹ **5 Boros** › 1997

‹ **I Shot Reagan** › 1998

‹ **Black Helicopters** › 2000

‹ **Drug Music** › 2002

‹ **A Lesson in Violence** › sur l'album live *Another Lesson in Violence*, Exodus, 1997

Necro

‹ **Gory Days** › *Gory Days*, Necro, 2001

‹ **Scalpel** › *Gory Days*, Necro, 2001

‹ **Tough Jew** › EP : *The Murder Murder Kill Kill*, Necro, 2012

‹ **I Need Drugs** › *I Need Drugs*, Necro, 2000

‹ **Necrophobic** › *Reign in Blood*, Slayer, 1986

J.J.

‹ **Illegal Life** › *The War Report*, Capone-N-Noreaga, 1997

‹ **Live at the Barbeque** › *Breaking Atoms*, Main Source, 1991. Le 45 tours *Rotten Apple*, Royal Flush, 1996

‹ **Bloody Money** › *The War Report*, Capone-N-Noreaga, 1997

‹ **Survival Of The Fittest** › *The Infamous*, Mobb Deep, 1995

Ethan Horowitz

‹ **Brooklyn Battles** › *Take a Look Around*, Masta Ace, 1990

‹ **Rockaway Beach** › *Rocket to Russia*, The Ramones, 1977

‹ **Rikers Island** › *Wanted : Dead or Alive*, Kool G Rap & DJ Polo, 1990

‹ **Home Sweet Home** › *Warriorz*, M.O.P., 2000

‹ **Coney Island Baby** › *Coney Island Baby*, Lou Reed, 1976

REMERCIEMENTS

Paris – 2017

Ill Bill, Necro, Sabac Red, Goretex, DJ Eclipse mon *homie* et Q-Unique, pour m'avoir introduit dans le mouvement *goon*.

Big Vic-Lo, Maya Lansky, J.J. (*you know the deal !*), Masta Ace, Lil' Fame et Billy Danze du groupe M.O.P. (Mash Out Posse), Capone-N-Noreaga, O.C., Sticky Fingaz, Onyx, Jeru the Damaja, Guru (RIP), Primo, RZA et tous les mecs anonymes de la rue qui ont respecté le code tout en me filant des infos cruciales.

Last but not least, mes éditeurs chez Marchialy : Cyril, Clémence et Christophe, pour les conseils judicieux, la patience, la passion et la vision…

Straight no chaser.

MIXTE
Papier issu de
sources responsables
FSC® C003309

FSC
www.fsc.org

10/18, une marque d'Univers Poche,
est un éditeur qui s'engage pour
la préservation de son environnement
et qui utilise du papier fabriqué à partir
de bois provenant de forêts gérées
de manière responsable.

Imprimé en France par CPI

N° d'impression : 3026014
X07169/01